高端专卖店店员成功密码

TOP ASSISTANT

顶级店员

汪朝林 著

深圳出版发行集团公司
海 天 出 版 社

图书在版编目（CIP）数据

顶级店员/汪朝林著．—深圳：海天出版社，2008.7
（超级专卖店系列）
ISBN 978-7-80747-232-2

Ⅰ.顶… Ⅱ.汪… Ⅲ.专卖—商业服务 Ⅳ.F717.6

中国版本图书馆CIP数据核字（2008）第070213号

顶级店员
DING JI DIAN YUAN

出 品 人 陈锦涛
出版设计 毛世屏
责任编辑 许全军
封面设计 熊 辉
责任校对 黄海燕
责任技编 钟愉琼

出版发行 海天出版社
地 址 深圳市彩田南路海天大厦 （518033）
网 址 www.htph.com.cn
订购电话 0755-83460137（批发） 83460397（邮购）
装帧设计 深圳市斯迈德设计企划有限公司（0755-83144228-808）
印 刷 深圳市希望印务有限公司
印 张 13
字 数 160千
开 本 787mm×1092mm 1/16
版 次 2008年7月第1版
印 次 2010年6月第2次
印 数 8001-11000册
总 定 价 70.00元(共2册,本册定价:35.00元)

2007年深圳珠宝展金点子高峰论坛上和钻石推广中心培训经理刘厚祥博士在一起

嘉瑞珠宝 2007顶级店员培训

吉盟首饰2007顶级店员培训

张万福珠宝08金牌销售技巧培训

越王珠宝06年年会和陈宝芳总裁一起

2006年生命动力课程与蒂爵珠宝董事长刘旭东一起

真牌珠宝2008顶级店员培训

2008金嘉利顶级店员培训

0 8 頂 級 店 員 培 訓

戴梦得2006年全国经销商培训大会(吉林)

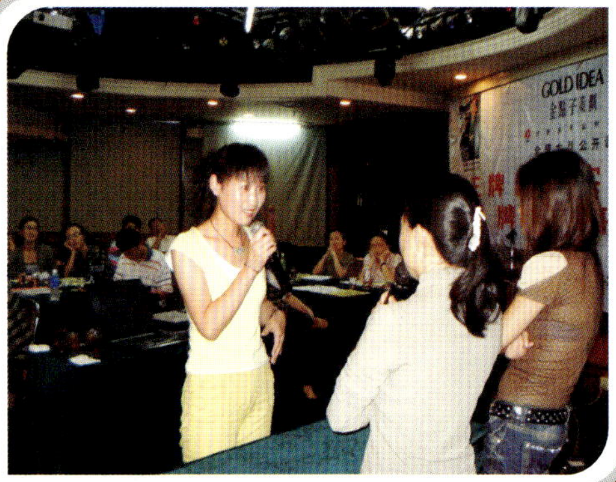
GOLD IDEA
金點子策劃

赵都金店金牌营业员首期培训班

浙江嘉瑞珠宝连锁08年首期培训班

热烈欢迎汪朝林老师莅临指

GOLD IDEA
金點子策劃

GOLD IDEA
金點子策劃

前 言

•汪朝林　中国珠宝业销售训练第一人

终端作为“销售的最后一公里”，重要性不言而喻；店员作为终端销售的“临门一脚”，也越来越被重视。

我们发现，那些引领行业潮流，能成为品牌中的奇葩者，如珠宝（卡地亚、蒂凡尼、周大福）、钟表（劳力士、帝舵）、香水（迪奥）、化妆品（雅诗兰黛、美宝莲、欧莱雅）、服装（GUCCI）、鞋子（百丽）、水晶（施华洛世奇）、婚纱摄影（金夫人、色色）……，这些行业中的超级品牌无不重视店员的服务，甚至每年花费不菲的培训经费，亦在提升店员的服务品质。

数年前，尚有许多品牌不重视终端的开发和建设；时至今日，所有成功的品牌都重视终端建设，将终端服务作为核心竞争力提上议事日程。

我们知道，品牌连锁店是终端销售渠道，而让这一渠道能发挥作用的，离不开店员的“临门一脚”，我们假设品牌、厂家是“发球员”，渠道是“传球员”，那么店员就是“进球员”。

在球场上，能否进球，这取决于球员的素质和技能。在品牌连锁店中，能否销售出更多的商品，能否得到顾客的认可和赞誉，这取决于店员的素质和销售技能。

品牌销售是一门艺术，店员在整个销售中起着至关重要的作用。一个珠宝公司在媒体上做了大量推广宣传后，经理对店员这样说：“我的任务是把顾客请来，剩下的事就拜托给你们了。”这就是说，对于品牌商品来讲，广告宣传的作用主要是招来更多的顾客，但顾客是否能购买到满意的品牌商品关键是看店员的工作。

终端销售“以人为本”，绝对是真理。显然，若店员的素质不高，对专卖店的整体销售绝对会带来“噩梦”。因为所有的营销策略、推广方案、促销活动、货品陈列、形象布置、销售业绩等等都是要通过人去实现的。

也许很多人认为，店员的工作很简单，就是跟顾客解说一下嘛！有问有答，不问不答。但实际上不然，有一句俗语说得好“十年读出个秀才，十年学不成买卖”，这就说明店员需要具备各方面的能力素质，顶级的店员不是一朝一夕就能炼成。

在多样化与个性化的消费市场环境中，品牌连锁店仅仅从事商品的买卖已不能满足消费者的购物需求。如何提高商品的附加值，以及给顾客提供更多的优质服务，就成为现代店员必须担任的使命。

作为品牌的代表和使者，店员每天在和顾客沟通，没有满意的店员就没有满意的顾客。超级的品牌，除了强势的商品和贴切的购物环境，还要提供顶级的超出顾客期望的服务，这样的“三足鼎立”才能支撑一个品牌的健康发展。

服务只有起点，没有终点。当服务作为核心利益不断为品牌增值的时候，就是打造顶级品牌越来越近的时候。

汪朝林

2008年3月于深圳

目 录

眼中只有瑕疵的人，无法发现其他的东西。

——托马斯·富勒

销售世界上第一号的产品——不是汽车，而是自己。在你成功地把自己推销给别人之前，你必须百分之百地把自己推销给自己。

——菲利普·科特勒

销售专业中最重要的字就是“问”。

——博恩·崔西

目 录

赚所有的人一次钱是运气；赚一个人所有的钱就是学问，这学问就是赢得人心。

——佚名

你认为自己是什么样的人，就将成为什么样的人。

——安东·契诃夫

目 录

1

一个品牌的成功不是某个点的成功，而是所有品牌要素的成功。人作为品牌的形象代表，每天和顾客进行沟通，人在品牌要素中的作用是不言而喻的。没有满意的店员就没有满意的顾客，没有满意的顾客就没有满意的品牌。

品牌所有的优劣都会在销售终端体现出来，品牌的销售都是通过终端的店员来实现的。对店员的培养、投入多少，决定了店员的素质高低。

我在零售及珠宝行业数十年，亲历了公司的发展和壮大，也看到了这个行业的高低起伏。那些基业常青的百年老店，都在建立"以人为本"的人才理念，所有在一个公司共事的同事都是团队的一员，在不同的岗位尽到自己职责，为企业的发展而竭尽全力。"以人为本"不仅仅是一个理念，不仅仅是一个口号，理念和口号是没有价值的，只有落实在每个管理人员的日常行为中，才能让基层的同事从内心感受到公司对他的关爱。

顶级店员要有自己的奋斗目标，无论是短期目标还是长期目标，是你将来要成为什么样的人，还是将做出什么样的事业，都要将自己进行一个准确的定位。

顶级店员的奋斗既有长期的目标，也有短期的目标，一个人的目标决定着一个人的成败。好店员的奋斗目标是阶梯型的，而不是直线型的，所有的成功都是下一次奋斗目标的起点，这样你才能不断进步，不断成长。

顶级店员不光要看到未来，更重要的是要评估我现在的工作是否已全力以赴？是否在用正确的方法做正确的事情。只有改变我们的思想，才能改变我们的行为，只有改变了我们的行为，才能改变我们的结果。《顶级店员》一书为店员的成长提供了方向，为店员的服务、销售工作提供了指引。

周大福中国华北区域总经理　刘璞

2008年5月于北京

2

服务是品牌的永恒话题，服务从理念到态度、从态度到技巧、从技巧到标准和流程，是一个永远没有止境的管理课题。

数年前，尚有不少公司不重视终端的建设和开发；时至今日，已经没有哪个公司不重视终端销售了，已经没有哪个公司不重视店员服务了。

品牌连锁店零售终端市场，一直是商品销售的主战场，也是商业群雄的必争之地。长久以来，为了在终端市场获得属于自己的一席之地，商家可谓是竭尽全力、无所不用。

美国著名的营销家Larry.Light曾说过：拥有市场比拥有工厂更重要，控制零售终端市场才是真正意义上的拥有市场。俗话说：运筹帷幄，才能决胜千里。品牌企业是一个做大品牌、大物流、大市场的现代化流通企业，更应该具有高瞻远瞩的目光去运筹帷幄，决胜于市场。

我们知道，品牌连锁店是终端销售渠道，而让这一渠道能发挥作用的，离不开店员的“临门一脚”，我们假设厂家是“发球员”，渠道商是“传球员”，那么店员就是“进球员”。

在球场上，能否进球，这取决于球员的素质和技能。在品牌连锁店中，能否销售出更多的商品，能否得到顾客的认可和赞誉，这取决于店员的服务素质和销售技能。店员是品牌的体现者、是品牌的传播者、是品牌的具体实践者。事实上，对消费者而言，店员就是品牌，至少是品牌的重要组成部分。

服务只有起点，没有终点。销售只有技巧，没有定式。

如何具备服务素质和销售技能，在汪朝林老师《顶级店员》一书中可以找到答案。

De Beers集团市场推广机构（钻石推广中心）培训经理　刘厚祥博士

2008年5月于上海

3

在现代品牌连锁店里，有两种人永远无法取得成功：

一种人是只做上司交代的事情，另一种人是做不好上司交代的事情。这样的人通常有两种习惯是应该克服的：第一种叫做懒惰。第二个就是害怕。

有一位著名的军事学家讲过，进攻是最好的防卫。

一位球王也讲过，他从不相信被动防守会有收获。

作为一个店员，只有主动出击，那才会有所收获。所以，头脑当中一定要建立起这样的一种信念，就是凡事要马上去采取行动，凡事要主动地出击。因为被动不会有任何收获，进攻才是最好的防卫。问题永远不会自动地解决，永远需要那些优秀的人去推动它。

《顶级店员》绝对是一本指导书，它让品牌专卖店的店员迅速提升自己能力，从而为品牌和顾客创造价值。

汪朝林老师在《顶级店员》一书中，始终强调"态度"的意义，他认为：态度决定高度，如果一个店员没有好的态度，即使给予再高的薪资和福利也是无济于事，我非常认同汪朝林老师的观点。

一个店员的工作态度折射着人生态度，而人生态度决定一个人一生的成就。你的工作，就是你的生命的投影。它的美与丑、可爱与可憎，全操纵于你之手。

一个天性乐观对工作充满热忱的店员，无论目前他正在从事什么，都会认为自己的工作是一项神圣的天职，并怀着深切的兴趣，那么，这个人迟早都会脱颖而出！

GEM吉盟首饰
中国驰名商标 | 中国名牌

深圳市吉盟首饰有限公司总经理　陈忆龙

2008年5月于深圳

接待顾客除了热情之外，还要有耐心与技巧。掌握好销售与沟通技巧对一名店员来说非常重要，也是服务当中不可或缺的部分，这对顾客是否达成购物起着重要的作用。

“顾客就是上帝”，这一大家耳熟能详的说法，令广大顾客受益匪浅，然而现实生活中相当多的顾客却发现那些把他们当作上帝的店员原来都是“无神论者”，根本不把“上帝”当作一回事儿！当初，这些人尊重顾客、想顾客之所想、千方百计令顾客满意的想法是好的，可是，一旦触动他们的实际利益，就会马上本能地来个180度大转弯，而放弃原则和承诺。在工作中，我们把客户当作衣食父母，我们把令顾客满意以至感动当作是我们的一项不可推卸的神圣义务。

每个店员要尊重自己的劳动，尊重自己的职业，不能三心二意，这山看着那山高，到了那山没柴烧。在自然界，小燕子做事一丝不苟、专一、敬业，所以它的巢最牢固，而麻雀筑巢粗枝大叶，一遇风吹雨打就摇摇欲坠，燕子的一生都在巩固自己的巢。

要成为一名顶级店员首先就得从本身的基本工作做起，每天坚持从小事做起，热爱自己的工作，不断地去提高自己，去超越自己。

汪朝林老师的《顶级店员》一书，是能迅速提升店员服务技巧和销售能力的一本书，值得大家细细品读。

真牌珠宝 ZHEN BRAND JEWELLERY 全国连锁

真牌珠宝董事长　邱梓桑

2008年5月于深圳

5

汪朝林老师认为，在工作中，只要认定哪些是要做的事，哪怕看上去是“不可能完成”的任务，都要敢于接受挑战，立刻采取行动，而不必等上司做出交代。

勇于向“不可能完成”的工作挑战的精神，是获得成功的基础。

事实上，很多连锁店的店员需要挑战自己。《顶级店员》是“方法书”，更是一本“激励书”。汪朝林老师从书之始到书之尾，一直激励我们积极乐观，奋勇向前。

自尊、自信是成就事业的必要条件，对工作敷衍推脱的店员是不会具有这种自信、自尊的。一个店员假使不能在工作上尽其至善之努力，则他决不能得到最高的“自我赞许。”而在一个店员将他的工作视为苦役与痛苦时，他是决不能在工作上竭尽所能的。

当我们研读《顶级店员》一书，就会改变一些观点，那就是——世界上没有卑微的工作，只有卑微的工作态度，只要全力以赴地去做，再卑微的工作也会变成最出色的工作，就像希尔顿说的：“世界上没有卑微的职业，只有卑微的人。”

浙江嘉瑞珠宝连锁总经理　宋冬海

2008年5月于杭州

6

好好活，就是做有意义的事，做有意义的事情，就是好好活。电视剧《士兵突击》许三多的这句话道出了生活的真谛：做有意义的事情。

很多店员认为自己所从事的工作是不入流的。有这样想法的店员，显然是没有认清工作本身的意义。其实，从服务角度来说，每个人都是服务者：公司的老板是全公司最大的服务者；店员是顾客的服务者。我们的生活环境就是由无限个“服务圈”互相重叠、互相支持而存在。

汪朝林老师的《顶级店员》一书告诉我们：别小看自己的工作。做不好店员的工作，就不能做好店长的工作。做不好服务的工作，就不能做好销售的工作。

极其出色地完成自己的工作，能否真的让一个人拥有财富，这个问题暂且不论，但是有一点却是千真万确的：一个人尽己所能、精益求精地完成自己的工作，这种觉悟所带来的内心的满足感是无与伦比的，这让我们可以发掘真正的信心。

一个忘我工作、享受工作的人，本身就是一道美丽的风景，就是一种艺术。

香港張萬福珠寶
HONG KONG ZWFOOK JEWELRY

张万福珠宝总经理　何红波

2008年5月于深圳

7

有好多店员身处优境却不知珍惜，品牌提供了广阔的发展空间，却因为个人小小的愿望没有实现，或是受了一点委屈就辞职不干，坚信自己离开这家公司一定会找到更好的，却认识不到随便跳槽永远是阻碍自身发展的弱点，最典型的故事就是小猴子丢了西瓜捡了芝麻，最后又丢下芝麻追兔子。结果什么也没逮着，空手而归，千万不能做一事无成的猴子。

忠于自己的工作，不论工作有多么普通，也引以为荣，以十分的热忱投入日常工作中，做到最好。就像卡内基说的，“即使自己是马路边最普通的小草，也要做小草中最优秀的，不能因为相对而言的普通就放弃热情洋溢的工作心态。”

从一定程度上讲，公司就是我们的家，我们的岗位就是我对家应该尽的一份责任，有谁不希望自己的家更加美丽壮观？作为家庭成员，就要有“今天我以家为荣，明天家以我为荣”的信念，加强自己综合素质的提高，做自己领域里最优秀的一员，实现自己生命价值。

忠于自己的工作，忠于自己的家，实质上就是忠于自己。

我们从选择这项工作、这家公司时就要将公司的事业视为自己的事业，将公司作为自己的公司来努力奋斗，这就是职业精神。

汪朝林老师在《顶级店员》一书中精辟而深邃的论述了“职业精神”的内涵和实质，反复品读，含义深刻，相信会令很多店员领悟到另外一种职业境界。

GOLDJALY DIAMOND H.K
金嘉利钻石(香港)

金嘉利钻石（香港）董事长　吴德荣

2008年5月于深圳

顶级店员智慧

第一章　服务心态

眼中只有瑕疵的人，无法发现其他的东西。

——托马斯·富勒

1 空杯心态

古时候，一个佛学造诣很深的人，听说某个寺庙里有位德高望重的老禅师，便去拜访。

老禅师的徒弟接待他时，他态度傲慢，心想：我是佛学造诣很深的人，你算老几？

后来老禅师十分恭敬地接待了他，并为他沏茶。可在倒茶时，明明杯子已经满了，老禅师还不停地倒。他不解地问："大师，为什么杯子已经满了，还要往里倒啊？"

大师说："是啊，既然已满了，干吗还倒呢？"

禅师的意思是，既然你已经很有学问了，干吗还要到我这儿求教？这就是"空杯心态"的起源，象征意义是：做事的前提是先要有好心态。如果想学到更多学问，先要

顶级店员智慧

空杯心态就是做减法。

我们的心，就像这个回收站，平时被积攒起来的偏知、拙见塞满。要想让更多的新事物、新思想、新观念进入这个“回收站”，你必须要随时“清空”它，这就是“空杯心态”。

时刻提醒自己抛弃以往的成见，不要因为自满、自负而封闭了宝贵的心灵，否则，就算天降甘霖，也无法流入你我心中。

把自己想象成“一个空着的杯子”。

空杯心态就是做减法。

月满的时候就是月缺亏的前奏，阴晴圆缺是自然之道；水满的时候就一定是水溢的先兆，物极必反是自然规律。

古人在告诫我们为人处事，不可太骄傲张狂，应始终保持一份欠缺在里面，这样凡事才可以收放自如，圆润待人；完美自由的人生就是一个不断求缺的过程，就是“做减法”，不断剔除内心的骄慢和自满，让自我有一颗能承载万物的心灵。

我们都会使用电脑，在每台电脑的桌面上有一个回收站，当回收站中的文件已经“堆满”时，你就不能再装入其他的文件，如你想装入更多的文件，首先要“清空”回收站中的内容，或者是一部分内容。

我们的心，就像这个回收站，平时被积攒起来的偏知、拙见塞满。要想让更多的新事物、新思想、新观念进入这个“回收站”，你必须要随时“清空”它，这就是“空杯心态”。

器皿要能盛入真理的水，首先需要这器皿空无一物，其次要清洁无染，否则即便再好的水也会变质。时刻提醒自己抛弃以往的成见，不要因为自满、自负而封闭了宝贵的心灵，否则，就算天降甘霖，也无法流入你我心中。

在品牌连锁店工作更要有一种“空杯心态”，这样我们才可以服务好公司里的内部客户，所谓内部客户就是企业里的同事，包括上级、同级和下级。

那么，如何服务好我们的内部客户呢?

我认为，作为一名顶级店员要做到“三不争”，即：不与同级争利、不与上司争权、不与顾客争理。如图：

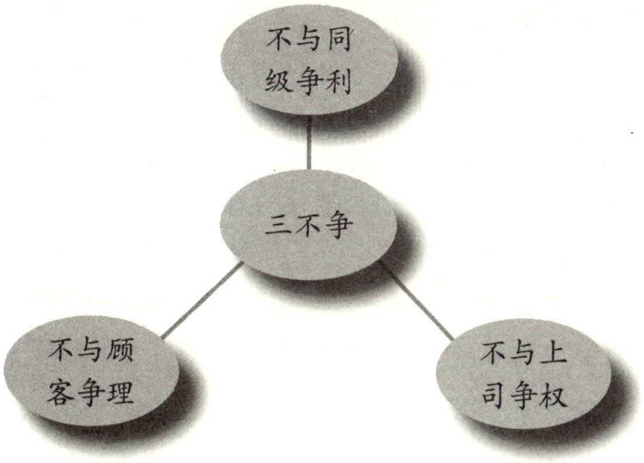

顶级店员智慧

争则丑，让则有。

★不与同级争利

“利”使人心败坏，“利”是矛盾产生的导火索。

很多时候，一些店员为了个人利益，经常在上级面前“打小报告”。这样的行为显然是破坏组织和团结。

争则丑，让则有。

和谐的团队环境离不开这样的心态，每名店员只有顾全大局，从整体利益出发，才可以创造共赢的局面。那些视集体利益而不顾的店员，最后会遭到组织的淘汰。

一个人问上帝：“为什么天堂里的人快乐，而地狱里的人一点儿也不快乐呢？”

上帝说：“你想知道吗？那好，我带你去看一下。”

他们先来到地狱，走进一间房间，这时正是午饭时间，许多人围坐在一口大锅前，锅里煮着美味的食物。

可每个人都又饿又失望：原来他们手里的勺子太长了，没法把食物送到自己的嘴里，虽然食物很可口，可是他们吃不到，所以一直很痛苦。

上帝说：“我们再去天堂看看吧。”

于是，他们来到天堂，走到一间房间，他们看见的景象是这样的：虽然他们手里的勺子也很长，可是，这里的

顶级店员智慧

现实中大量店员的失败，不是能力的失败，而是做人的失败、道德的失败。

人都显出快乐又满足的样子。

这个人很奇怪，因为天堂的条件和地狱没什么两样。

“感到奇怪吗？”上帝笑着说，“你继续看下去就知道了。”

晚饭时间到了，只见这里的人围坐在锅边，分别都用勺子把食物送到了别人的嘴里。原来，天堂和地狱的分别，只是人们用勺子的方法有所不同。

上帝说：“如果每个人都只是为了自己的利益，而不去想着别人，永远都是一锅看得见喝不着的汤，只有互相帮助，相互扶持，才能够共同求发展。”

互相争利的结果，只能限制各自的发展，而互相帮助的现象，却可以创造一个共赢的局面。

现实中大量店员的失败，不是能力的失败，而是做人的失败、道德的失败。如今人人都在谈论“情商”的重要，所谓情商就是管理自己情绪、处理人际关系的能力。

职场中，店员要获得较快成长，仅仅埋头工作是不够的，与“左邻右舍”建立良好的人际关系是获得成功的重要因素之一。

★不与上司争权

《三国演义》一书有一个情节：曹操与刘备对峙在汉中时，曹操被诸葛亮用计杀得大败而退守阳平关。

曹操手下谋士杨修从夜间口号——“鸡肋”中，推断出曹操心中所想，被曹操以造谣生事，扰乱军心之罪名，斩首示众。

杨修之死，真是应了这句俗语“聪明反被聪明误”。

杨修为显己能，参与皇子之间的争权夺位，与上司比才干论智谋。

相比之下，曹操心胸已够宽广，若遇到嫉贤妒能的袁术之流，早已死过千次。

与上司相处，要有分寸，否则就会被划入不“忠”。

那么，如何与上司和谐相处，做到上司对你信任有加呢？如何尽到一位下属的本分，让上司对你不猜忌？

◎服从领导，不要对上司采取排斥的态度。

下级服从上司是起码的组织原则。

一般情况下，上司的决策、计划不可能全是错误的，即使有时上司从全局考虑出发，与个别小单位利益发生了摩擦，也应服从大局需要，不应抗拒不办。

有才能的下属有着高过上司的思维，但如果表现出对上司的轻视则是视为“桀骜不驯”，由此生出的自满和高傲最让上司猜忌。

◎忠诚进言，指出和弥补上司的失误。

上司作决策、订计划、实施指挥，由于各种限制，难免会出现失误。发现领导失误之后，不能为讨上司欢心，按其所好，助其蔓延，也不能害怕上司不高兴，沉默不语，而应当及时指出，使失误尽快得到纠正。

这样才能减少损失，否则，错误的决策、计划蔓延发展，总有一天不仅要祸及组织，而且会祸及自身，这就是“城门失火，殃及池鱼”的道理。

当然，指出上司的错误不一定非要用逆耳之言。

有些人认为“忠言逆耳利于行，良药苦口利于病”，但是他们不知道，如果能达到治病的目的，“忠言不逆耳”、“良药不苦口”岂不是更好。而现实上已经做到了，比如一些儿童感冒药，色彩缤纷，造型别致就像一颗糖。儿童喜欢吃，又达到治病的目的。

指出上司的失误，不一定开口就大讲其弊，开口就说上司错了，有时上司心理不一定承受得了，不妨采取点

顶级店员智慧

如果能达到治病的目的，“忠言不逆耳”、“良药不苦口”岂不是更好。

顶级店员智慧

立场不同、所处环境不同的人，很难了解对方的感受，因此对别人的失意、挫折、伤痛，不宜幸灾乐祸，而应要有关怀、了解的态度。

“以迂为直”的战术，走走迂回路线，这样有可能收到更好的效果。

◎换位思考，从上司角度想问题。

一头小猪、一只绵羊和一头乳牛，被关在同一个畜栏里。

有一次，牧人捉住小猪，它大声号叫，猛烈地抗拒。

绵羊和乳牛讨厌它的号叫，便说：“他常常捉我们，我们并不大呼小叫。”

小猪听了回答道：“捉你们和捉我完全是两回事，他捉你们，只是要你们的毛和乳汁，但是捉住我，却是要我的命呢！”

立场不同、所处环境不同的人，很难了解对方的感受，因此对别人的失意、挫折、伤痛，不宜幸灾乐祸，而应要有关怀、了解的态度。

在人际交往中，特别是在同上司交际中，下级应该设身处地考虑上司在实际工作中遇到的情况，脱离现实主客观条件对上司提出要求，如果达不到，则进行“发难”，这显然是不对的。

★不与顾客争理

大自然赋予人类一个大脑和一张嘴，嘴巴除了吃饭外，就是表达自己的感情与想法，人的经历与学历不同，看法也会有差异，这是自然之理，就像张三喜欢吃海鲜，而张三的老婆却不喜欢一样，张三认为龙虾做出来的菜肴美味可口，而张三的老婆却嫌弃龙虾多爪，看着就恶心，这个也无所谓谁的对与错。

过去，有个有名的建筑大师给某地设计市政大楼。有一天官员跑过来告诉他大厅里没有柱子，可能会塌下

顶级店员智慧

来，其实这是杞人忧天的事，但那个建筑大师仅说了声“好”，就加了几根柱子。过了若干年后，那位建筑大师已经死了，人们有一天忽然发现，那几根柱子根本没有接触天花板。

这个故事给我们很大的启发，如果当时建筑大师给那位官员说一大堆建筑结构的理论，你认为那位官员能接受吗？能听得懂吗？

所以，店员在与顾客沟通时，他们不了解产品的情况或对产品有误解，这是很正常的事。我相信顾客说出他们的理由时，一定有他们认为正确的道理。这个时候我们最好的办法就是站在他们的立场上，用事实证明给他们看，拿出你的成功的案例，让他们亲身去体验，而不是去争辩。

顺便说一下，人都有自尊心，你当面否定一个人的观点时，他会尽力维护自己的想法，就算你赢得了争辩，最后也会失去了订单，何必呢？

其实，争论的结果，十有八九会使双方比以前更相信自己是绝对正确，通过争论你不可能成为赢家。因此即使你赢了，你可以洋洋自得，但你会使对方自惭，你伤了他的自尊，他会怨恨你的胜利。一旦争论起来，一个人即使最终口服了，心里也并不服。

争论的结果是“双败”，所以，天底下只有一种能够在争论中获胜的方式，那就是避免争论，避免争论才能达到“双赢”。

尤其是刚刚开始入行的店员，很容易陷入与顾客的争论中，最终会发现这些争论是毫无意义的，所以更应该注意这一点。

如何避免争论？

第一条：顾客永远是对的。

第二条：如果顾客真的错了，参照第一条。

承认对方是对的，并不表示你就是错的。不要不舍得承认对方，并且当你主动承认对方的时候，对方也会倾向于了解一下你的观点。

顶级店员智慧

承认对方是对的，并不表示你就是错的。

2 双赢心态

★零和游戏

当你看到两位对弈者时，你就可以说他们正在玩“零和游戏”。

因为在大多数情况下，总会有一个赢，一个输，如果我们把获胜计算为得1分，而输棋为−1分，那么，这两人得分之和就是：1+（−1）= 0。

这正是“零和游戏”的基本内容：游戏者有输有赢，一方所赢正是另一方所输，游戏的总成绩永远是零。

“零和游戏原理”之所以备受关注，主要是因为人们发现，在社会的方方面面都能发现与“零和游戏”类似的局面，胜利者的光荣后面往往隐藏着失败者的辛酸和苦涩，失败者的前面往往蕴涵着成功的喜悦和希望。

从个人到国家，从政治到经济，似乎无不验证了世界正是一个巨大的“零和游戏”场。这种理论认为，世界是一个封闭的系统，财富、资源、机遇都是有限的，个别人、个别地区和个别国家财富的增加必然意味着对其他人、其他地区和国家的掠夺，这是一个“邪恶进化论”式的弱肉强食的世界。

“零和游戏”是对能量守恒的最好说明。

从18世纪末到19世纪中叶这段时期里，德国医生迈尔（J.R.Mayer）第一个提出了能量守恒定律，而此定律得到物理学界的确认，却是在英国物理学家焦耳（J.P.Joule）的实验工作发表以后。

能量既不会凭空产生，也不会凭空消失，它只能从一种形式转化为别的形式，或者从一个物体转移到别的物体，在转化或转移的过程中其总量不变。

“零和游戏”的思想也体现在中国古典文化中，就是中庸。

中庸是中国人的基本精神之一。所谓“中”，就是适应，顺应；所谓“庸”，即经久不渝、恒久不变之意。二者合用，意谓不偏不倚、恰当适度，不走极端之意。

“零和游戏”、“中庸之道”、“能量守恒定律”都在告诉我们，在胜利面前不骄傲，在失败面前不气馁。事实上，这为我们能持有“双赢心态”提供依据。

★将相和

廉颇、蔺相如演绎的“将相和”被广为流传。为了抵御强秦，蔺相如避免与廉颇正面的争斗；而廉颇的“负荆请罪”更是被世人所传颂。

廉颇的英勇善战让人钦佩，蔺相如的机智勇敢让人倾倒，而他们二人合力辅佐赵国，使文武二将的能力得以发挥，才有了赵国一时昌盛的美谈。看来，是双赢的智慧挽救了赵国。

在工作与生活中，我们不能发现什么可以永恒不朽。事物发展的繁盛之顶，就是衰落的起点，事物发展到低谷时，就会慢慢反弹。你失去一种东西，上天会以另一种东西偿还。

每个店员要正视“失去”，因为你失去阳光，可以得到深夜的美好，你失去一枚银币，可以得到整车树苗。我们不必一味索取，把他人置于死地。给他人生路的时候，也在给自己留下一块回旋的余地。

保持“双赢心态”可以让两种事物和谐发展和成长，这是一种伟大的能量。这让我们认识到“利己”不一定要建立在“损人”的基础上。

通过有效合作，皆大欢喜的结局是可能出现的。从“零和游戏”、“中庸之道”、“能量守恒定律”走向“双赢”，要求双方要有真诚合作的精神和勇气，在合作中不要耍小聪明，不要总想占别人的小便宜，要遵守游戏规则，否则“双赢”的局面就不可能出现，最终吃亏的还是自己。

双赢，可以扬长，可以使每个人的能力得以完全发挥。

一个犹太人这样教导自己的儿子：我们唯一的财富就是智慧，当别人说1+1=2的时候，你就应该想到1+1可以大于2。

双赢就是要创造1+1可以大于2的局面。

顶级店员智慧

双赢就是要创造1+1可以大于2的局面。

自然界中的生物懂得和谐共处，互利共生。豆科植物将养分输送给固氮菌，固氮菌向植物提供氮素。彼此生存，互为条件，保持和谐，在自然界的生存竞争中立于不败。这是一种双赢的智慧。

我们必须站在“双赢的心态”上去处理我们与公司之间的、公司与商家之间的、公司和顾客之间的关系。

店员不能为了自身的利益去损坏公司的利益，没有

“公司这个大家”哪有“我们自己的小家”？品牌连锁店首先是一个利润中心，品牌连锁店没有了利益，店员也肯定没有利益。同样，我们也不能破坏公司与商家之间的双赢规则，只要某一方失去了利益，必定就会放弃这样的合作。

顾客满足自己的需求，而公司实现自己的产品价值，这同样也是一个双赢，任何一方的利益受到损坏我们都将为其付出代价。双赢强调的是双方的利益兼顾，即所谓的“赢者不全赢，输者不全输”。

★分苹果

兄弟俩人分一个苹果。

哥哥用刀切，哥哥先选，结果哥哥的那一半苹果显然比弟弟的大，一赢一输；最后，兄弟两人吵得不可开交、不欢而散，都不吃了，双输。

如果兄弟俩怀着双赢思维，确定了双方的目标是为了吃苹果，那么就可以选择由哥哥切苹果，由弟弟先挑选，哥哥为了显示公平一定可以把苹果切得很均匀，弟弟选苹果时，一定可以选择最喜欢的一半，双赢！

很多时候，当我们有了争论，往往就会忘了我们的目的，而开始关注起了过程和手段。比如上面的例子，弟弟不同意哥哥先切苹果先选择，弟弟就是不服从哥哥，就是对哥哥不满意，哥哥一定要制服弟弟，这样才能体现哥哥的手段，哥哥才能满意。

可是哥哥的胜利是建立在弟弟的不满意的基础上，这就是典型的单赢思维，不是两败俱伤，就是一方满意、一方失败，失败的一方满怀怨恨，时刻准备报复。

双赢是一种思维模式，忠于目的，讨论大家都可以接受的解决方案，这就需要知道对方的需求是什么，目的是什么，同时也让对方知道自己的需求是什么，目的是什么。在共同基础上找出双方可以共赢的地方。

如果双赢思维用到商业上，往往就是对双方价值链的分析。

比如冰糖商的产品都是大包装的，10斤冰糖一包，售价100元。顾客根本吃不下这么多，因此也就不买，双方双输。

商品积压，顾客讨价还价，以10元的价格买下了10斤冰糖，顾客赢，公司输。

顾客急需用冰糖，不得不花100元买10斤冰糖，公司赢，顾客输。

公司改小包装，一斤一包，15元（涨价50%），顾客踊跃购买，公司销量增加，利润增长，顾客也得到满足，双赢。

当你时刻想着双赢，你的心态就会摆正，不再有“你有就是我无”那种焦虑心态，也不必有“不是你死就是我活的”的惆怅。

3 包容心态

★包容就是大智慧

店员作为集体的一员，会接触到各种各样的人或事，也会接触到各种各样的顾客。每一位顾客的爱好和需求都不同，店员与顾客相处，要为顾客提供满意服务，要满足顾客需求，这就要求店员学会包容，包容顾客的不同喜好，包容顾客的挑剔。

面对争执，需要包容。

包容是一种心态，是一种态度，是对人和事的理解、承认和接纳。如果过于争辩，就会产生距离和隔阂，就容易产生情绪上的对立，于解决问题无益。

水至清则无鱼，人至察则无朋。

你包容敌人，于是敌人成为朋友；你包容朋友，于是朋友成为兄弟。

泰山包容了微尘，所以成就了第一山；长江包容了细流，所以成就了中国第一江。

人们在社会上共同生活，工作中的磕碰，生活里的摩擦，什么时候也少不了，要不怎么说“没有矛盾就没有世界”呢?

不过，我们面对这些矛盾，应该是包容，还是争得“天昏地暗”？

有包容的肚量，显示着处世经验、待人的艺术。

包容是一种雅量，也是一种风度。面对与自己观念不同者，我们要包容地对待他们与自己的差异；面对胜利者，我们要包容地对待他的成功；面对暴富者，我们要包容地对待他的富有；面对别人的才干，我们要包容地对待他的才干。

我们要包容别人的能力和观念，甚至要包容地对待别人的疏忽、疯狂、冷漠与孤僻。

我们的世界是缤纷多彩的，每一名店员的个性都不同，任何店员都无法将自己的观念强加给别人，而我们又必须共同在一起生活、工作、交友，这就更需要学会包容。包容是店员与店员之间的缓冲器，它可以化解许多不必要的冲突，包容又是店员与店员之间的润滑剂，它可以减轻摩擦，缓和关系。

生活与工作中，有许多店员为了鸡毛蒜皮的小事就争得面红耳赤，吵得天翻地覆，这样既伤感情，浪费时间，又耽误工作，是多么不值得。

顶级店员智慧

你包容敌人，于是敌人成为朋友；你包容朋友，于是朋友成为兄弟。

顶级店员智慧

有店员认为与人为善，包容忍让就是无能，向别人低头就是自己没理，其实这种店员就像鲁迅先生笔下的阿Q一样“死要面子，活受罪”。

★包容比忍耐更伟大

如果纯粹从忍让角度去包容，恐怕不能长久，忍一两件事可以，多了恐怕就坚持不下去了。包容，是要从自心上下功夫，扩大心量。有了这样的心量，包容就不是一件困难的事，反而是一件快乐的事。

包容是快乐心：逆缘不对立，顺缘不贪染，由此培养宽广的心量和非凡的气度。

随便走进一座寺院，你第一个看到的或许是袒胸露脐、憨态可掬、慈眉善目的弥勒佛的塑像。上面有一副对联：

上联：大肚能容，容天下难容之事；

下联：笑口常开，笑天下可笑之人。

此联完全概括了他那乐观、包容的性格。

乐观，绝不仅仅是遇事想得开的生活态度，更是一种力量、一种精神。

面对同样一件事，乐观者自然会比别人多一份自信，相信自己一定行，自信本身就是一种伟大的力量。

同样的，乐观的人也会有一种勇气，支持自己一直坚持下去做一件事，直到成功为止。所以，乐观的人也就多一种坚忍不拔、不服输的精神。

包容更是一种可贵的品质，是否包容可以说是一个人气度与风范的集体展示。“宰相肚里能撑船”，包容是成功的必备品质——若一点宽人之量都没有，事事斤斤计较，怎么与人合作？虚怀若谷、海纳百川的肚量自然会赢得他人的景仰与被包容者的感激。

顶级店员智慧

★包容是方便自己

清朝时期，宰相张廷玉与一位姓叶的侍郎都是安徽桐城人。两家比邻而居，都要起房造屋，为争地皮，发生了争执。

张老夫人便修书北京，要张宰相出面干预。这位宰相到底见识不凡，看罢来信，立即做诗劝导老夫人：

“千里家书只为墙，再让三尺又何妨？万里长城今犹在，不见当年秦始皇。”

张母见书明理，立即把墙主动退后三尺；叶家见此情景，深感惭愧，也马上把墙让后三尺。这样，张叶两家的院墙之间，就形成了六尺宽的巷道，成了有名的“六尺巷”。

张廷玉失去的是祖传的几分宅基地，换来的却是邻里的和睦及流芳百世的美名。

俗话说，“与人方便，自己方便”。所以说，包容是人生的一座桥，将彼此间的心灵沟通。走过这座桥，人们的生命就会多一份空间，多一份爱心，人们的生活就会多一份温暖，多一份阳光。我们普通人的包容总是有限度的，如果我们不断地训练自己，心量越来越大，世界就越来越大。

4 行动心态

★边做边修改

有一天，一个孩子外出玩耍，路经一棵大树，突然有东西掉在头上，他伸手一抓，原来是个鸟巢。他怕鸟粪弄脏了衣服，于是赶紧用手拨开。

顶级店员智慧

只要是对的事情，绝不可优柔寡断，必须马上付诸行动。

鸟巢掉落在地上，从里面滚出了一只嗷嗷待哺的小麻雀。他很喜欢它，决定把它带回去饲养，于是就连同鸟巢一起带了回家。

小孩走到家门口，忽然想起妈妈不允许他在家养小动物，所以他轻轻地把小麻雀放在门后，急忙走入屋内，请求妈妈应允。

在他苦苦哀求下，妈妈破例答应了儿子的请求。

小孩兴奋地跑出门外，不料小麻雀已经不见了，他只见一只小黑猫意犹未尽地擦拭着嘴巴，原来就在他向妈妈请求之时，小麻雀已被黑猫吃掉了，他为此事伤心了好久。

从这件事，得到了一个启示：只要是对的事情，绝不可优柔寡断，必须马上付诸行动。

在实际工作中，造成人们不敢勇往直前以及不会积极行动的原因，至少有两个：

一是轻易对自己说不可能，从而让自己没有动力去尝试。

二是经过几次尝试，并且在几次遭遇失败后，就开始害怕失败，不敢再调整方法和行为去再次努力实践。

人类的学习很多就是遵从“目标设定——尝试——结果反馈——再尝试——再结果反馈——再尝试……——最后达成目标”。如图：

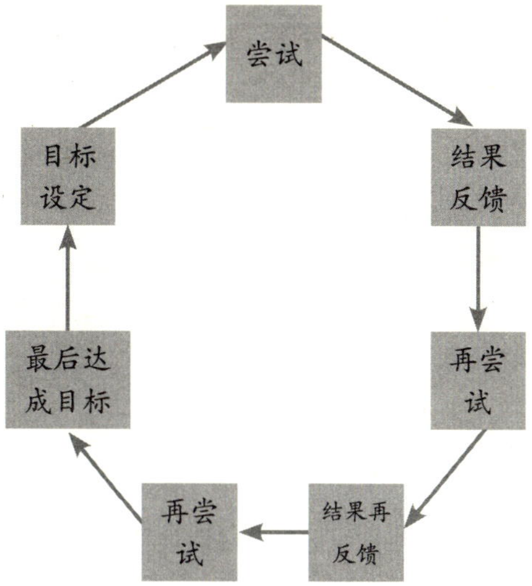

【图】学习过程

四川的边远地区有两个和尚，一个穷，一个富。

有一天，穷和尚对富和尚说："我想到佛教圣地南海去朝拜，你说行不行？"

富和尚问："来回好几千里地，你靠什么去呢？"

穷和尚说："我只要一个喝水的瓶子，一个吃饭的泥盆就行了。"

富和尚听了哈哈大笑，说："几年以前，我就下决心要租条船到南海去朝圣，但是，凭我的条件，到现在还没能办到。你靠一只破瓶子，一个泥瓦盆就要到南海去？真是白日做梦！"

一年以后，富和尚还在为租赁船只筹钱，穷和尚却已经从南海朝圣回来了。

顶级店员智慧

很多店员抱怨，产品不好卖，顾客太挑剔。结果没有解决问题，却成了问题的一部分。

顶级店员智慧

这个世界没有所谓的完美状态，所有的所谓的完美状态都是基于人的主观认识制定出的标准，而标准永远可能会变。

机会不能等，机会是在行动中创造。

一个腐烂的苹果，可以导致整仓的苹果腐烂：一个腐烂的苹果是1%，整仓的苹果是100%。

不要等一切计划完美时，才开始行动。“完美主义会扼杀行动力”。这个世界没有所谓的完美状态，所有的所谓的完美状态都是基于人的主观认识制定出的标准，而标准永远可能会变。

机会不能等，机会是在行动中创造。

很多时候，条件都是创造出来的，我们可以想象中国工农红军的二万五千里长征，在敌人围追堵截的情况下，他们凭借“小米加步枪”硬是创造了生存条件，为胜利创造了机会。

★不轻视1%的可能

不要轻视1%的可能性，1%的可能性常常会带来100%的失败和成功。大脑占身体比重不足1%，它主控身体，发布命令。

一个腐烂的苹果，可以导致整仓的苹果腐烂：一个腐烂的苹果是1%，整仓的苹果是100%。

西方有这样一首著名民谣：

丢掉一只铁钉，失去一个蹄铁；
失去一个蹄铁，坏了一个马蹄；
坏了一个马蹄，失掉一匹战马；
失掉一匹战马，毁了一个将军；
毁了一个将军，输了一场战争；
输了一场战争，亡了一个国家。

由此可见，再微小的细节，一旦忽略，将成致命伤。犹如蝴蝶效应，一只蝴蝶在巴西煽动下翅膀，结果引发得克萨斯州的一场风暴。如果我们用正向的思维来思考这个问题，就能发现“1%的可能”可以激活100%的成功。

不要轻视自己的力量，也不要否定自己的才能。

有些店员常叹息自己有心无力，以为一己之力有限。很多成功人士告诉大家，不要小看自己，人有无限的可能。世间没有一项事“不能做”，也没有一个人“无能力”，有的只是不肯做罢了。

不要轻视自己的力量。一滴水滴到大海中，整个大海就是我们的。因为你的那滴水已和大海中的水结合在一起了，分不出是你的或不是你的。船的力量在帆上，人的力量在心上。不要小看自己，自己有很多地方是他人无法超越的。

★方法比困难多

这个世界上是“困难多”，还是“办法多”？也许我们并不是要纯粹地回答这个问题，而是更多的来看回答者拥有怎样的意志和心态。

你若不想做，会找到一个借口；你若想做，会找到一个方法。因此，智者只为成功找办法，弱者只为困难找借口。

店员从事服务工作，每天都要接待形形色色的顾客，处理各种不同的业务，遇到不断呈现的新问题，而当困难摆在面前，即将低头的时候，为什么不努力寻找一个办法击倒它呢？

以奉献的胸怀接纳工作，以真诚之心对待顾客，有了这样一种服务意识，店员在工作中将无往不胜。

上天每制造一个困难，就会同时制造三个解决它的方法来。所以，世上只要有困难，就会有解决的方法。而且“方法总比困难多”，只是你暂时没有找到合适的方法而已。

交通堵塞，自然有解决的方法；物价上涨，自然有解

顶级店员智慧

船的力量在帆上，人的力量在心上。

你若不想做，会找到一个借口；你若想做，会找到一个方法。因此，智者只为成功找办法，弱者只为困难找借口。

决的方法；顾客投诉，自然有解决的方法；店员销售成绩不好，自然有解决的方法。同样，你的收入不高，自然有解决的方法；你的专业能力不够好，自然有解决的方法。问题是你怎样去面对这一个又一个的困难，是怨天尤人、怨老板、怨同事、怨顾客、怨工作太难、怨报酬太低，还是积极面对，主动想办法来解决这些困难。

台湾富商王永庆在早期卖米时，营业额一直上不去，但他不气馁，他坚信总有办法，他主动送米上门，并记下每户有多少人口，这次送的米大概在多少天后会吃完，然后再去送。他还记下每户人家发工资的时间，到时候去收米钱。

人的大脑是个有灵性的创造体，当你想办法时，大脑会一直在工作，帮你找出解决问题的方法。让自己变得智慧起来，让顾客变得满意起来，让工作变得轻松起来，因为只要店员肯用心，办法真的比困难多。

不要因为你从来没有从事过新任务，就对你将要从事的事情感到恐惧，你要始终这样想：首先，你和大多数人一样，天生具有学习能力。学习能力中很重要的是迁移能力，即由此及彼的能力。其次，经验对于工作不一定都是好事，也有可能是绊脚石。最后，如果你害怕，并由此而陷入消极状态，将使你的发挥大打折扣。

如果轻易就能实现目标，如果不付出努力就能达成梦想，那梦想和目标也太容易实现了。那我们会有成功后的喜悦吗?

实际上，想象中的困难要大于实际困难。

不要因为可能失败而投反对票，避免失败总是有办法的。

福和祸是孪生兄弟，成功和失败更是相伴相随。如果在追求的道路上，我们遭遇失败，请不要轻易否定自己。

大胆地放开手脚去做，即使失败了99次，第100次成功了，你也获得了最大的成功。第100次还是失败，你也不是彻底的失败者，你的经历已经丰富了你的人生。

顶级店员智慧

主动就是“没有人告诉你而你正做着恰当的事情”。

5 主动心态

★变被动为主动

从被动服务到主动服务，不仅仅是观念的变化，更是理念的升华。

由被动到主动，意味着店员不再是靠公司的资源来运作品牌连锁店，而是把自己真正当成一个运作的主体，通过自己的主动出击来获得成绩。

这就要求店员改变以公司服务为主、店员为辅的被动的服务方式，转变成为以店员服务为主，公司服务为辅的服务方式。

我认为，一个品牌连锁店，肯定会有许多不好的方面，比如连锁店品牌的知名度低，或者公司支持有限，或者市场还不成熟……店员在工作过程中，肯定会遇到这样或者那样的问题和困难，这就首先要求店员保持一种主动的应对心态。

主动是什么?

主动就是“没有人告诉你而你正做着恰当的事情”。

成功的店员取决于态度，因为成功是一个长期努力积累的过程。所谓的主动，指的是随时准备把握机会，展现超出他人要求的工作表现，以及拥有“为完成任务，必要时不惜打破常规”的智慧和判断力。

知道自己工作的意义和责任，并永远保持一种积极主动的工作态度，为自己的行为负责，是那些“明星店员”

成功的要素。

明白这个道理，并以这样的眼光来审视店员的工作，工作就不再成为一种负担，店员的的工作变得意义非凡。在连锁店的工作中，当我们发现那些需要做的事情，哪怕并不是份内事的时候，你应该庆幸，这就意味着你发现了超越他人的机会。因为这积极主动、自动自发地工作的背后，需要你付出的是比别人多的热情、智慧、创造力和想象力。

在连锁店工作的店员，没有人强迫你去做市场调查、顾客分析、客情维护、渠道建设等等，如果你主动去做了，你会发觉自己能力在不断地提升。

但是，如果什么都需要等公司叫你干这干那时，你已经很落后了。

落后意味着什么？淘汰！

对于店员来说，公司、市场已经给你提供了道具，而舞台需要自己搭建，演出需要自己排练，能演出什么精彩的节目，有什么样的收视率，决定权在你自己。

一些店员属于比较内向的类型，在学习和工作中还不够主动。

在一些品牌连锁店里，有些店员常常要等上司吩咐做什么事、怎么做之后，才开始工作。许多店员并不善于推销和宣传自己，这恐怕和中国自古以来讲求中庸的文化氛围有很大关系。但是，要想在现代公司中获得成功，就必须努力培养自己的主动意识。

在工作中要勇于承担责任，主动为自己设定工作目标，并不断改进工作方式和方法；此外，还应当培养推销自己的能力，在领导或同事面前要善于表现自己的优点，有了研究成果或技术创新之后要通过演讲、展示、交流、论文等方式和同事或同行分享，在工作中犯了错误也要勇于承认。

只有积极主动的店员，才能在瞬息万变的竞争环境中获得成功，只有善于展示自己的店员，才能在工作中获得真正的机会。

顶级店员智慧

★机会比薪水重要

一名年轻女孩为一位成功学家当助手，替他拆阅、分类信件。她的薪水与相关工作的人相同。

一天，这位成功学家口述了一句格言，要求她用打字机记录下来："请记住：你唯一的限制就是你自己脑海中所设的那个限制。"

她将打好的文件交给老板，并且有所感悟地说："你的格言令我深受启发，对我的人生大有价值。"

这件事并未引起成功学家的注意，但是，却给受雇女孩心中打上了深深的烙印。

从那天起，她开始晚饭后回到办公室继续工作，不计报酬地干一些并非自己分内的工作——譬如替老板给读者回信。

她认真研究成功学家的语言风格，以至于这些回信和自己老板写得一样好，有时甚至更好。她一直坚持这样做，并不在意老板是否注意到自己的努力。

终于有一天，成功学家的秘书因故辞职，挑选合适人选时，老板自然而然地想到了这个女孩。

在没有得到这个职位之前就已经身在其位，这正是女孩获得提升的最重要原因。

在下班的铃声响起之后，她依然坚守在自己的岗位上；在没有任何报酬的情况下，她依然刻苦训练，最终使自己有资格接受更高的职位。

这位年轻女孩的能力如此优秀，引起了更多人的关

顶级店员智慧

在现代品牌连锁店里，有两种人永远无法取得成功：

一种人是只做上司交代的事情，另一种人是做不好上司交代的事情。

注，其他公司纷纷提供更好的职位邀她加盟。为了挽留她，成功学家多次提高她的薪水，与最初当一名普通速记员相比已经高出了四倍。

在现代品牌连锁店里，有两种人永远无法取得成功：

一种人是只做上司交代的事情，另一种人是做不好上司交代的事情。

一个以薪水为个人奋斗目标的店员是无法走出平庸的生活模式的，也从来不会有真正的成就感。虽然工资应该作为工作目的之一，但是从工作中能真正获得的更多的东西，却不是工资卡里的钞票。

如果你忠于自我的话，就会发现金钱只不过是许多报酬中的一种。试着请教那些事业成功的人士，他们在没有优厚的金钱回报下，是否还继续从事自己的工作？

大部分人的回答都是：“绝对是！我不会有丝毫改变，因为我热爱自己的工作。”想要攀上成功之阶，最明智的方法就是选择一件即使酬劳不多，也愿意做下去的工作。

当你热爱自己所从事的工作时，金钱与财富就会尾随而至，你也将成为人们竞相聘请的对象，并且获得更丰厚的酬劳。

由于行业原因，店员的工作与待遇都是比较低的。但我们也发现很多企业管理经营者、商界名流都有曾经做过店员的经历。其中的原因，就是他们喜欢自己所从事的工作，并努力主动的把它做好。

主动去做上司没有交代的事情，并把这些事做好，你就能提升自己在上司心目中的位置，就会被调到更高的职位，获得更大的成功。

连锁店里的每一个管理者，都想得到一个能干的店员。所以，在工作中努力尽职尽责、自始至终的店员，总会有获得晋升的一天。

有些薪水很微薄的店员，忽然被提升到重要的职位上，这看来似乎有点不可思议。其实是他在拿着微薄薪水的时候，他就在工作中付出切实的努力，尽职尽责的工作，获得了充分的工作经验，这些便是他们忽然获得晋升的原因。

许多年轻的店员认为，他们现在所得的薪水太微薄了，所以竟然连比薪水更重要的东西也都放弃了，他们逃避工作，在工作过程中敷衍了事，发泄他们对上司的不满。

这样，他们就埋没了自己的才能，泯灭了自己的创造力和发明才能，也就使自己可能成就伟大事业的潜能无法获得发展。

为了表示对微薄薪水的不满，固然可以敷衍了事地工作，但经常这样做，等于使自己的生命枯萎，使自己的希望断送，终其一生，只能做一个庸庸碌碌、心胸狭隘的懦夫。

每个店员对于自己的职位都应该这样想：我投身于服务界是为了自己，我也是为了自己而工作。固然，薪水要尽力地多赚些，但这并不重要，最重要的是由此获得踏进社会的机会，也获得在社会上取得成功的机会。通过工作中的亲身经历获得大量的知识和经验，这将是工作给予你的最有价值的报酬。

在工作过程中，人应该运用自己的智慧，发挥自己的才能和创造力，来提高工作的效率。在工作中，要不断求进步，不要落伍，要以积极的心态来做一切事情。只有这样，才能使你的上司对你产生特别的关注。

世界上很多人都在为薪水而工作，工作固然能解决

顶级店员智慧

注重现实利益本身并没有错。问题在于现在的年轻店员较为短视，忽视了个人能力的培养，他们在现实利益和未来价值之间没有找到一个均衡点。

面包问题、解决生存问题，但是比面包更可贵的，就是在工作中发展自己的潜能，尽自己的才干，创造自己的事业。如果工作仅仅是为了面包，那么生命的价值也未免太低了。

你努力工作，工作将回报给你更多。如果你把工作看成一种学习经验的良好方式，那么，每一份工作对你而言都充满着巨大的机会。

如果我们发现自己的上司并不是一个睿智的人，并没有注意到我们所付出的努力，也没有给予相应的回报，那么也不要悲观，我们可以换一个角度来思考：现在积极主动地努力工作并不是为了现在的回报，而是为了未来。

人生并不是只有现在，还有更长远的未来。固然，收入要努力提高，但那只是个短期的小问题，最重要的是获得不断前进的机会，为未来获得更多的收入奠定基础。更何况生存问题需要通过发展和成长来解决，眼光只盯着温饱，得到的永远只有温饱。

在手工业时代，年轻人为了学一门手艺常常拜师学艺多年，却无法拿到一分钱的酬劳，但他们毫无怨言，现在的年轻人在学本事的同时还可以拿工资，却常常抱怨。

时代变了，注重现实利益本身并没有错。问题在于现在的年轻店员较为短视，忽视了个人能力的培养，他们在现实利益和未来价值之间没有找到一个均衡点。

暂时的放弃是为了未来更好的收获。尽管薪水微薄，但是，我们应该认识到，上司交付给的任务能锻炼我们的毅力，上司分配给我们的工作能发展我们的才能，与同事的合作能培养我们的人格，与顾客的交流能训练我们的品性。连锁店是我们生活的另一所学校，工作能够丰富我们的思想，增加我们的智慧。

许多商界名人开始工作时收入都不高，但是他们从来没有将眼光局限于此，而是始终不渝地努力工作。在他们看来，缺少的不是金钱，而是能力、经验和机会。最后当他们功成名就之时，他们的收入和财富滚滚而来。

许多店员总是在为自己的懒惰和无知寻找理由。有的说上司对他们的能力和成果视而不见，有的会说上司太吝啬，付出再多也得不到相应的回报……

没有任何一个店员一开始工作就能发挥全部潜能，积极主动地完成每一项任务，同样，也很少有店员一开始就能拿到很高的工资。因此，当你在付出自己的努力时，一定要学会耐心等待，等待他人的信任和赏识，你才能得到重用，才能向更高的目标前进。

如果在工作中受到委屈，如果你认为自己的工资太低，如果你发现一个没有你能干的人成为你的上司，请不要气馁，因为谁都抢不走你拥有的无形资产——你的技能，你的经验，你的决心和信心，而这一切最终都会给你回报。

不要对自己说：“既然公司给得少，我就干得少，没必要费心地去完成每一个任务。”也不要因为自己挣的钱少，就安慰自己说：“算了，我技不如人，能拿到这些工资也知足了。”

消极的思想会让你看不见自己的潜力，会让你失去前进的动力和信心，会让你放弃很多宝贵的机会，使你与成功失之交臂。

也许我们无法命令上司做什么，但是我们却可以让自己按照最佳的方式做事；也许上司不是很有风度，但是我们应该要求自己做事要有原则。

你不应该因为上司的缺点而不努力工作，埋没了自己的才能，毁了自己的未来。总之，不论你的上司有多吝啬多苛刻，你都不能以此为理由而放弃努力。

顶级店员智慧

也许我们无法命令上司做什么，但是我们却可以让自己按照最佳的方式做事。

顶级店员智慧

勇于向“不可能完成”的工作挑战的精神，是获得成功的基础。

试比较两个具有相同背景的年轻店员，一个热情主动、积极进取，对自己的工作总是精益求精，总是为连锁店的利益着想，而另一个总喜欢投机取巧，总嫌自己的薪水太低，总把自己的利益放在第一位。如果你是老板，你会雇用谁，或者说你会给谁更多的发展和晋升的机会呢？

★挑战不可能

如果有人告诉你“水声可以卖钱”，你大概会说：“那绝对不可能”。

然而，“不可能”就是可以发生。在美国，有一位叫费涅克的人就实现了这“不可能”。他用立体声录下许多潺潺的水声，复制后贴上《大自然美妙乐章》的标签高价出售，大赚。

在品牌连锁店工作的店员，时常被销售目标、客户投诉、促销活动……搞得焦头烂额。在做事情之前，总喜欢把事情的结果贴上“不可能”的标签，事实上，这是在否定自己。

所谓的“不可能”，只是店员对客观事物的一种主观臆断。这种结论虽然具有普遍性，但它并不代表客观事物本身的绝对不可能。也就是说，在主观“不可能”中蕴含着一般人不易觉察的客观“可能”。比如，水声之所以能卖钱，就是高度城市化的生活环境和人们盼望回归大自然的心理因素相结合提供的可能性。

在现代品牌连锁店中，过去那种听命行事的作风已不再受到重视，懂得积极主动工作的店员将备受青睐。

我认为，在工作中，只要认定哪些是要做的事，哪怕看上去是“不可能完成”的任务，都要敢于接受挑战，立刻采取行动，而不必等上司做出交代。

勇于向“不可能完成”的工作挑战的精神，是获得成功的基础。

店员一般都认为不可能的事，做起来肯定有难度，但正因为如此，所以谁也不会去关注，谁也不会去攻击，谁也不会去设防。

有人努力去做了，他遇到的对抗和竞争必然就少。从这一点看，越不可能的事，取得成功的可能性就越大。因此，无论是平时的销售工作，还是临时的客户投诉，都要勇于挑战“不可能”，创造性地完成各项任务。这是体现一个店员是否具备创新品质的重要方面。

品牌连锁店之中，很多店员虽然颇有才学，具备种种获得上司赏识的能力，但是有个致命弱点：缺乏挑战的勇气，只愿做品牌连锁店中谨小慎微的“安全专家”。对不时出现的那些异常困难的工作，不敢主动发起“进攻”，一躲再躲，恨不得龟缩到角落里。

他们认为：要想保住工作，就要保持熟悉的一切，对于那些颇有难度的事情，还是躲远一些好，否则，就有可能被碰得头破血流。

做事主动的店员意味着他有责任心，有责任心才能把事情做得好。所以主动做事的店员，是以积极乐观的心态去面对要做的事情。

因为有责任心，他会将一件事情（或任务）考虑得比较周全、系统，包括其中的各个小过程，可能会出现的问题点，需要的人力、物力等因素。

这样一来，因为想得周全，对各种可能出现的问题会有所预防，工作一般会较顺利地进行。就算是在工作中还会出现新的问题，他也会想尽办法主动去排除。

而被动的店员在工作中总是被上司催着做事，因为心态是被动的，所以做事无原则、无方法，总是在应付着做事，就不用说考虑周全了。结果，事情就算是勉强做了，

顶级店员智慧

却没有起到做这件事情应有的作用。

这样的店员如果做了领导者，则是这个组织的不幸，如果是执行者，那更是这个组织的"蛀虫"，因为被动的店员，不仅不会推动自己工作的进度，还会影响、带坏其他店员做事的进度。

做一件事情，我们需要的是百分之百地主动执行者，那些被上司逼着、催着做出来的事，是不会有什么积极效果的，这样的店员也是不会成功的。

每一名店员在生活和工作之中都会遇到困难，主动做事的店员，无论大事小事，他们会想尽一切办法去执行，包括改变自己的工作方法、不断地学习成功店员的经验等等，而且会坚持。

被动做事的店员，他们首先选择的是放弃，就算是不放弃，他们也会去逃避困难、问题，不会主动去解决。

每个组织都需要那些敢于面对困难、主动迎难而上的人。纵然有高素质，而不敢于克服困难、主动解决，这类人也永远不会被组织重用。

顶级店员智慧

每个组织都需要那些敢于面对困难、主动迎难而上的人。纵然有高素质，而不敢于克服困难、主动解决，这类人也永远不会被组织重用。

第二章　销售理念

销售世界上第一号的产品——不是汽车，而是自己。在你成功地把自己推销给别人之前，你必须百分之百地把自己推销给自己。

——菲利普·科特勒

1 做好准备

★专业知识——越精深越好

一顾客准备买一款双模手机，当问店员该手机的性能和使用特点时，店员回答："该手机是新产品，我不是很清楚，麻烦您看看说明书吧。"

顾客听后马上走向另一个柜台。

顾客的买与不买，取决于他对商品的需求程度，即对商品价值的认同度。

一名称职的店员必须充分了解产品的特点，并能机智

顶级店员智慧

一名称职的店员必须充分了解产品的特点，并能机智地把产品的特点转换成顾客的特别需求，这样才能引起顾客的注意力，才能激发他们对商品的需求欲望。

顶级店员智慧

地把产品的特点转换成顾客的特别需求，这样才能引起顾客的注意力，才能激发他们对商品的需求欲望，完成一次圆满的销售。所以，这就要求店员，仅有微笑和热情是不够的，还应具有与自己职业相关的专业知识，这样才是一名合格的店员。

我们拿珠宝店为例：

一位挑选翡翠的顾客在柜台前犹豫不决，这时，店员小李似乎看出了顾客犹豫的原因是对翡翠不了解，且缺少关于鉴别翡翠制品的专业知识。

于是，小李对顾客这样介绍：

“选择一件称心的翡翠首饰应看三个方面。”

顾客一听就立刻来了兴趣，并急着问：“都有哪三个方面呢？”

小李说：“种、色、工。”

于是，小李就把关于挑选翡翠首饰的三个方面知识详细地介绍一番。并边说边拿出不同翡翠首饰进行比较，同时指给顾客观察。在小李细致耐心地介绍下，顾客高兴地挑选了一件翡翠手镯。

从这个例子中，我们发现了专业知识的重要。

◎什么是“种”

即指质地、结构、透明度及水头。质地要坚实细润、洁净，底色协调，均匀、坚韧而不脆，光泽强、宝气重，结构是指玉的矿物结晶晶粒的大小，形状及其排列方式。

颗粒越细越均匀越好，组织越致密越好。透明度及水头，水头是行话，即指玉的透明度，透明度越高，水头越足，越好。

◎什么是“色”

是指翡翠的颜色，翡翠是多色玉，颜色是决定其价值的最主要因素之一，一般说，翠绿色最贵，紫罗兰、翡红、花青、豆青、油青、爪皮绿等次之，灰色和白色等最便宜。

对颜色要求：浓，颜色深而有力；阳：颜色鲜艳明亮；俏：颜色美丽晶莹；正：颜色鲜艳纯正，不含邪气；均：颜色均匀而不花。

◎什么是“工”

是指玉器的雕琢水平，它包括选材、造型及雕琢技巧，要求构思精巧，做工精细。好的雕琢可使玉器达到巧夺天工，叹为观止的境界。

顶级店员智慧

一名顶级店员要了解自己的产品，相信自己销售产品的价值。有可能的话，店员在销售以前，应当亲自试用一下产品，学会怎样欣赏产品，将产品的优点与同类竞争的产品加以比较，认识到自己产品的优点，对新产品价值有一个全面的了解。

一个珠宝店的店员接待了一位顾客，必要的礼仪和招呼打过之后，对方看见珠宝盒的包装上有“蒂凡尼镶”（用长的细爪夹持宝石的四爪或六爪镶嵌。这种镶嵌尽现钻石之美，便于观察钻石的车工、颜色、净度，由纽约著名珠宝商蒂凡尼发明，现广泛采用）字样，就问他这是什么意思，有什么作用，这名店员一听马上就懵了，吞吞吐吐谈不出个所以然，结果我们可想而知。

而另一家珠宝公司的店员，不论顾客问什么，有什么要求，他都对答如流，并尽量满足顾客的需求，销售业绩在同事中遥遥领先。

所以说，店员一定要熟悉自己的产品，不论顾客问什么都要解答如流，不要给顾客这么一种印象：自己销售的产品自己都不懂，我们又怎么能放心使用这种产品呢？

专业，一方面体现在技术上、能力上；另一方面体现

顶级店员智慧

一个人的态度专不专业，很大程度上决定了他卖出产品的数量。

专业化是精细化和职业化的基础，专业化的目标根本上还是要职业化。

在态度上。

一个人的态度专不专业，很大程度上决定了他卖出产品的数量。

打铁还要自身强，只有店员自身专业，并用专业的标准来要求自己，才能很好的用自己的职责积极主动地为销售出产品做出最大努力。

要做到专业化，还必须对这个行业有所了解。只有对行业有个大体了解，才能将自己的工作放到行业中去，跟行业里最先进公司和个人进行比较、找差距，找原因，从而才能找到做事的方向。

要低头拉车，更要抬头看路。

只低头把自己本职工作做好，不了解自己与先进公司差距的人不能称作专业化的人才。以上可以看到，想做一个专业化的人才不容易。

但是进一步想，是不是做到专业化就够了？

举个例子，一名品牌连锁店的店员，对业务很精通，办事很麻利，而且很少出错，但是却对顾客冷若冰霜。这样的店员可能称得上专业，却称不上职业。

应该看到，专业化是精细化和职业化的基础，专业化的目标根本上还是要职业化。作为一个公司的员工，只有让顾客满意了才能被称作是“专业”和“职业”。

★业务政策——越细致越好

名牌珠宝卡地亚（CARTIER）、蒂凡尼（TIFFANY）、梵克雅宝（VANCLEEF&ARPELS）、宝格丽（BRIGARI）等知名品牌都要求自己的店员必须时刻把握业务政策。

每一名店员要时刻清楚品牌连锁店的业务政策，譬如新产品的折扣、促销的礼品赠送、老顾客的优惠券、厂家的宣传活动，不同的产品不同的政策要烂熟于心。

例如某次“得意珠宝”促销，其政策是：

顶级店员智慧

政策一：空前优惠价。

全场钻石团购价9.1折！对戒，挂件4.6折！

本月50款钻石特价。

万元钻饰寻找幸福的得意女人活动开始啦。

政策二：新年圣诞大礼包。

买德国新款对戒送德国“浓情”红酒一瓶。

钻石饰品满10000元即送德国“浓情”红酒一瓶。

满15000元即送德国“蜜意”冰酒一瓶。

店员在遇到购买“得意珠宝”的顾客时，就要详细地介绍以上的促销政策，以便顾客选购。有时，一名店员要负责多种产品，这就要求店员要同时掌握多种产品的价格、促销政策。

在介绍时，越细致越好，以便顾客能做出正确选择，并能听得清楚，买得也不糊涂。

同时掌握多种产品的业务政策，这需要店员在平时多学习，多准备，在关键的时候能为顾客提供满意的答案。

★顾客心理——越了解越好

我接触过很多出色的店员，他们在掌握顾客的心理时，有自己的独特心得，他们认为，顾客不同，其购买心理也有不同，一般来说，顾客心理有如下八种，一名顶级店员要清楚准确地判断出其当时的心理状态，之后采取销售策略。如图：

顶级店员智慧

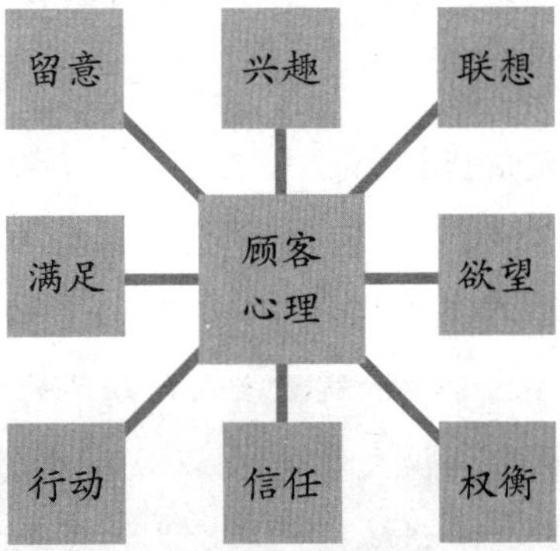

【图】顾客心理

◎“留意”心理

留意是顾客心理活动的一种积极状态，使心理活动具有一定的方向。从购买过程来看，这是第一阶段也是重要的阶段。如果顾客在浏览中没有发现感兴趣的商品，而店员又不能引起顾客对其销售商品的注意，那么购买过程即告中断。倘若能引起顾客注意，销售成交就有初步的把握了。

◎“兴趣”心理

当顾客驻足于某一商品前或是在观看POP上的信息时，可能会对商品的价格、款式、颜色等等中的某一点产生兴趣和好奇感，甚至顾客会主动地咨询店员，问他感兴趣的话题，例如：“这款珠宝还有其他颜色的吗？促销期马上要结束了吗……”

◎“联想”心理

顾客如果对某一件珠宝首饰产生浓厚的兴趣时，就不会再停留在“注视”的阶段，可能会通过触摸和从各个不同的角度观察，或相关的商品宣传画册中联想到“我戴上这件首饰后，会是怎么样子的？朋友看到我这件首饰后，

顶级店员智慧

会夸我漂亮吗？”

这个联想阶段十分重要，因为它是顾客对商品表示满意或不满意、喜欢或不喜欢的最初印象和感情阶段，因此我们把这个阶段又称为“喜欢阶段”。

在顾客选购商品时，店员应使用各种方法提高他的联想力——这也是成功销售的秘诀。例如，店员看到顾客戴上一个钻戒爱不释手，就“火上浇油”地说：“您真有眼力，我们请影星张曼玉做广告，她手上就是戴这款首饰。”

◎“欲望”心理

产生联想之后的顾客，接着会由喜欢而产生一种将这种商品占为己有的欲望和冲动。

其实，当顾客询问某种商品并仔细端详时，就已经表现出他对这件商品非常感兴趣、或者想购买了。因此，店员要抓住时机，通过细心观察，揣摩顾客的心理，进一步介绍其关心的问题，促进顾客的购买欲望。

例如，店员发现顾客对一个蓝色宝石项链有迟疑态度，这时，店员说：“蓝色代表爱情恒久远，更代表海枯石烂不变心。”

◎“权衡”心理

欲望仅仅是顾客准备购买，尚未达到一定要买的程度。顾客可能会做进一步的选择：或者观看店内的其他商品，或者到其他竞争门店了解同类商品。

比较权衡是购买过程买卖双方将要达到顶点的阶段，即顾客通过比较之后对商品有了更全面的认识。此时是店员为顾客作咨询服务的最佳时期——施展服务技巧，提供一些有价值的建议给顾客，帮助其下购买决心。

例如，店员：“对，您可以比较，货比三家不吃亏，但是我相信您一定知道‘一分钱一分货’的道理，我们相信您的判断力。”

◎ **“信任”心理**

在经过比较权衡之后，顾客往往要征求店员的一些意见，一旦得到满意的回答，大部分顾客会对商品产生信任感。此阶段店员的销售技巧、服务态度、个人对商品的了解至关重要。店员要本着实事求是的态度给予顾客建议，这样才能赢得顾客的尊敬和充分信任。

◎ **“行动”心理**

即顾客购买商品并付诸行动，这种购买行动对店员来讲叫做“成交”。在“成交”的过程中，假如顾客迟迟不肯交钱，店员可以做引导成交。例如，店员说：“请问用现金还是刷卡？”或者店员开好单，带领顾客到收银台交款。

◎ **“满足”心理**

顾客做出购买决定还不是购买过程的终点，购买过程中的“满足”包括两种：

· 一种是顾客买到了称心的商品后产生的满足感。
· 一种是对店员亲切服务的认可而产生的满足感。

我们拿珠宝为例，顾客所了解的珠宝知识越多，其买后就会得到更多的满足。当一位女士戴上新买的一枚钻戒去上班，总是希望引起同事们的注意。

当别人看到这枚钻戒后，她便会把所知道的有关钻石知识滔滔不绝地讲一遍，充分得到拥有一颗钻石的精神享受，同时她也在为你做广告。

常言道：“满意的顾客是最好的广告”，“影响力最强的广告是其周围的人”。但如果你不管顾客是否愿意听，不分时机地讲解珠宝知识，也会招来顾客的厌烦。因此时机很重要，在销售的整个过程中抓住机会，尤其是当顾客提出质疑时。

顶级店员智慧

现在卖珠宝的店员像是卖化妆品的，卖化妆品的像是卖IT的。这都是店员认识上的错位、管理层监管空白造成的。

★仪容仪表——越整洁越好

做每个行业都有其特有的专业形象、专业礼仪、专业语言。珠宝销售顾问要求的专业形象是高贵、端庄、典雅，而化妆店员的形象则是时尚、夸张、另类。

现在卖珠宝的店员像是卖化妆品的，卖化妆品的像是卖IT的。这都是店员认识上的错位、管理层监管空白造成的。

仪容，通常是指人的外观、外貌。其中的重点，则是指人的容貌。

在品牌连锁店的销售中，每一名店员的仪容都会引起顾客的特别关注。并将影响到顾客对自己的整体评价。在店员的仪表问题之中，仪容是重点之中的重点。

例如，名牌化妆品香奈儿（尔）（CHANEL）、、兰蔻（LANCOME）等等要求店员皮肤要亮丽，因为我们很难想象一名满脸长满“痘痘”的店员大谈自己所卖的化妆品效果极佳，这显然没有说服力。

一些名牌服装店在聘用店员时，要求店员身材要修长，气质要高雅。因为有时候，顾客会要求店员试穿一下衣服的效果，会把店员当作“临时模特”。

一些名牌手表店、名牌珠宝店……在选聘店员时，一般比较注意店员的气质、相貌、仪容仪表，特别很注意手的美感，因为有时候顾客会要求店员试戴一些商品，以观察效果决定是否购买。

★身体语言——越专业越好

我们看看不好的身体语言给顾客带来的影响，下面有个例子：

今天我和老妈逛百货公司，想买几包糖，于是到底楼的副食品里，我们先是找了一下，却没找到。就问了正在聊天的店员，她随手拿了一包就往柜台上一丢，问都没问要什么口味的。

不过我们想换成散装的，就对那位店员说我们称散装的，之后她就脸色一变（之前就脸色不好），嘴一斜，我看到还白了我们一眼。

我当时就非常不理解，我们是顾客，你的职责就是为顾客服务，你只管自己靠着柜台聊天，就已经是违反上班的纪律。

顶级店员智慧

人们可以在语言上伪装自己，但身体语言却经常会“出卖”自己。因此，解译顾客的体语密码，可以更准确地认识他。

从上面的故事中，我们发现不好的体语和态度，可以造成顾客的流失。

体语是身体语言的简称。

体语指非词语性的身体符号，包括：目光与面部表情、身体运动与触摸、姿势与外貌、身体间的空间距离等。

通过体语实现的沟通叫体语沟通，专门研究体语沟通的领域是身体语言学。

店员在与顾客交流沟通时，即使不说话，也可以凭借顾客的身体语言来探索他内心的秘密，对方也同样可以通过身体语言了解到我们的真实想法。

人们可以在语言上伪装自己，但身体语言却经常会“出卖”自己。因此，解译顾客的体语密码，可以更准确地认识他。

◎目光

眼睛可以反映人的情绪、态度和情感变化。情绪变化首先反应在瞳孔变化上。情绪由中性向愉悦改变，瞳孔会不自觉变大；对使人厌恶的刺激物，瞳孔明显缩小。

情绪状态由“晴”转“阴”时，亦有同样反应。

俗话说，“眼睛是心灵的窗口”，身体其他部位的沟通也与目光接触有关，人际沟通中如果缺少目光交流的支持，将会使人际沟通过程变得不愉快，而且很困难。

世界上的一些知名品牌的管理者在培训店员时，就非常注重店员的目光与顾客交流，它们要求店员用自信、诚恳、大方的眼光注视顾客，做到与顾客目光交流和接触。

面部借助数十块肌肉的运动来准确传达不同的心态和情感，任何一种面部表情都是由面部肌肉整体功能所致，但面部某些特定部位的肌肉，对于表达某些特殊情感的作用更明显。

例如：嘴、颊、眉是表现愉悦的关键部位；鼻、颊表现厌恶；额、眼睛、眼睑表现哀伤。

当目光与面部表情不一致时，目光是表达个体真实心态的有效线索。

◎站姿

站姿是身体语言的一种，在服务行业里，允许店员酌情采用变化的站姿，主要有为人服务的站姿、柜台待客的站姿。

店员在采用这些被允许采用的变化的站姿时，务必要符合它们所提出的特殊的要求。以下，就分别介绍一下这两种常见的变化的站姿的一些特殊要求。

·为人服务的站姿

为人服务的站姿，俗称“接待员的站姿”。显而易见，在自己的工作岗位上接待服务对象时，店员可以采用此种站姿。

站立之时，身前没有障碍之物挡身、受到他人的注视、与他人进行短时间交谈、倾听他人的诉说等等，都是采用这种站立姿势。

采用为人服务的站姿时，头部可以微微侧向自己的服务对象，但一定要保持面部的微笑。手臂可以持物，也可以自然地下垂。在手臂垂放时，从肩部至中指应当呈现出一条自然的垂线。小腹不宜凸出，臀部同时应当紧缩。

它的最关键的地方在于：双脚一前一后站成“丁字步”，即一只脚的后跟靠在另一只脚的内侧；双膝在靠拢的同时，两腿的膝部前后略为重叠。

这一站姿看上去较为优雅，故而也为不少人拍照时所采用。

·柜台店员待客的站姿

柜台店员待客的站姿，亦称为“长时间站姿”、“障碍物挡身时的站姿”或稍息。

当一个人长时间持续不断地采用基本站姿之后，他的身体再好，难免也会感到疲惫不堪。在柜台之后站立，经常就会碰上这一情况。

在情况允许时，正确地采用柜台待客的站姿，便可以使店员稍作休息。

采用柜台待客的站姿，在技巧上有五个重点。

一是手脚可以适当地进行放松，不必始终保持高度紧张的状态。

二是以一条腿为重心的同时，将另外一条腿向外侧稍稍伸出一些，使双腿呈叉开之状。

三是双手可以采用指尖朝前的做法轻轻地扶在身前的柜台之上。

四是双膝要尽量地伸直，不要令其出现弯曲。

五是肩、臂自由放松，在敞开胸怀的同时，一定要伸直脊背。

兼顾上述五点，店员采用柜台待客的站姿时就可以算是完美无缺了。不可否认的是，采取此种站姿，既可以使店员不失仪态美，又可以减缓其疲劳。

顶级店员智慧

销售就是做细节，如果把每个环节都做到位，销售就会水到渠成。

★日常工作——越到位越好

销售就是做细节，如果把每个环节都做到位，销售就会水到渠成。

在国外，商业专家通过大量的实地观察和对比分析，得出的结论是：店员做着与营业相关的活动最能吸引顾客观赏、挑选和购买，如擦柜台、整理商品、称重、包装、接待顾客、记录营业状况等，我们比喻为“吸引顾客的舞蹈”。在专卖店里不要无所事事百无聊赖，不要聚堆聊天大声谈笑。

那么，想要店员进入工作状态，必须提前做好下面的准备：

·按时提前上班，店员一般需在规定的时间内提前半个小时上班，以做好全卖场（门店、柜台、层板、饰座等）的清洁、货品陈列、销售道具、文具、礼品、备用金等一系列的检查核对工作。

·店长开早会，总结昨天的工作情况，以及在销售过程中遇到的问题，并将当天的工作计划交代清楚，店员要做好工作记录。

·整理货架的商品，盘查货品是否与前晚相符。

·检查门店区货品的质量，确保无次货，无打错价。

·将补充款按陈列方式摆放到相应的位置。

·进入销售工作状态，并随时整理货架上的物品。

·开始接待顾客，进行销售。

·认真开出销售小票，确保内容准确无误。

·按要求认真填写各种表格与单据。

·收集顾客提出的意见与建议，以归纳汇总上报到公司的营销部门。

·协助处理顾客投诉及工作范围内的特别要求。

·交接班时要将当日发生的事情交代清楚，并清点货品。

·清点货品，及时填写补货单，补齐货品。

·交接清楚后下班。

2 实战技巧

★介绍商品的步骤

人的情绪都是可以相互影响和感染的，店员在推荐商品时如果对所销售的商品充满了感情和热爱，往往可以通过语言来吸引顾客，让顾客对商品产生更多的兴趣和欲望。

卖场销售过程中，介绍商品要分为三个层次：

◎首先，要介绍公司和品牌，其目的是让顾客信任商品是货真价实的

介绍公司和品牌，目的是要争取顾客的信任，当然，有些时候不必详细的介绍，像名牌珠宝卡地亚（CARTIER）、蒂凡尼（TIFFANY）、梵克雅宝（VANCLEEF&ARPELS）、宝格丽（BRIGARI）等等本身已经享誉世界，知名度很高，但对于不太了解品牌而想对品牌一探虚实的顾客，此时，店员就要细致地介绍一番。

一般来说，品牌的构成可以从以下几个方面介绍，这要看当时顾客的“疑虑”是什么？

·品牌的长度

它是指该品牌的历史、时间跨度和寿命等。像劳力

顶级店员智慧

士、杜邦等品牌已有200多年了，通用电气、可口可乐、同仁堂也已有百年。

假如顾客说："我真是孤陋寡闻，我怎么没有听过这个牌子。"这个时候，店员就可以说："某珠宝从1957年到现在，已经有50年的历史了，它是世界知名品牌。"

·品牌的高度

奥运是世界级品牌，"TIFFANY"是一个公司品牌，两者高度不可比拟。但是"TIFFANY"支持奥运，这就把"TIFFANY"的品牌给拔高了，增加了"TIFFANY"的高度。

假如顾客怀疑购买"TIFFANY"珠宝会影响身价，店员可以说："1861年，刚上任的亚伯拉罕·林肯亲临TIFFANY为夫人玛莉选购了珍珠项链、胸针等，让她在总统就职典礼的晚宴上佩戴。此后，其他美国总统和外国元首争相效仿。"

这样的说辞无疑会提高顾客的虚荣心理，把顾客与总统夫人对比，也提高了顾客的身价。

·品牌的宽度

指品牌核心区所能控制的市场范围。

例如：周大福是郑裕彤博士及其家族拥有的一个实力雄厚的私人商业集团，集团总资产超过50亿美元，所经营的业务遍布全世界。

·品牌的质量

品牌的质量不同于产品的质量，它是指品牌品质的高低，像可口可乐、福特汽车、北京王致和这些百年老字号，是几代人努力的结果，它们的核心能力、核心价值、抗风险能力、自修复能力相对要强大很多。

◎接下来，再去介绍商品，包括介绍商品的一些功能和组成材料

顶级店员智慧

很多顾客会关心产品的材料，例如：这种材料是什么？耐用吗？

在黄金珠宝行业，如果顾客提出关于“制作材料”这样的问题，作为店员至少要掌握下面的知识。

现用在首饰上的金属，常见黄金、K黄金、K白金、铂金、白银、钯金等。

·纯金的硬度低，表面易失去光泽，故足金制品在欧美等国的首饰市场上不多。

·K黄金是以金为主的合金。为了增加金的硬度，长久地保持和展现其光泽，在金中加入一定量的其他贵金属，简称为K金。K金的成色以K值表示，并以纯金当24K记折算，例如18K金的含金量为75%。

·自钻石问世以来，人们就开始研究利用铂金了，因为铂金镶钻石可以保持钻石的纯白色。铂金色泽纯白，耐强酸强碱，熔点高，硬度也比黄金高。

·白银的冶炼和应用比黄金还早。其熔点低，延展性好，对大多数酸类没反应，容易制作各种首饰和器皿。处理后的白银表面光洁、清雅。

◎最后，再用获取利益的方法来说服顾客购买商品

【案例】

中国的珠宝市场正趋向于成熟，发展的潜力很大，“钱”途十分看好。珠宝投资势必成为国民资产保值、增值的一部分。它受货币通货膨胀的影响较小，绝大多数产品的价值跟随着国际市场变动，可以放心地进行个人资产的储藏和增值。

店员若碰到购买翡翠的顾客，可以从以下方面进行介绍：

·保值性

越是天然、稀有、高等级的，升值空间越大。翡翠作为投资保值来讲，要比任何宝石的投资价值高，增值快。

从近年来国际拍卖行的记录看，好的翡翠拍卖价越来越高。好翡翠产量少，需要好翡翠的人越来越多，供求关系将更加紧张，价格还将不断攀高。

但值得人们注意的是，如果投资保值，一定要购买好的翡翠，从尺寸大小、颜色好坏、种质好坏等几个方面选购。

·装饰性

爱美是人的天性，佩戴首饰可以达到装饰自己、增加美感的目的。由于翡翠颜色多姿多彩，种质变幻无穷，形态多样，大小不一，提供了广阔的美化空间。可以说，每个人都可根据自己的外貌特征、性格特点找到适合自己的翡翠饰品。

·情感性

购买翡翠送人是最好不过的选择，因为它具有非常的意义。尤其是中国人对翡翠有一份特别的感情，翡翠丰富的人文精神及文化寓意完全可以寄情。夫妻之间互相表达天长地久的深情，父母用它来希望孩子牢记教导，孩子用寿桃来祝福父母健康长寿……

·陶冶情操

中国人自古就有戴玉、玩玉、藏玉的习惯，也就领略了玉的含蓄、温雅、灵秀以及君子之风。翡翠所表达的不仅是护佑平安和吉祥如意，更重要的是传达这样一种信息，即君子佩玉和随“玉”而安。这就是玉之精华。

★应对三种顾客

任何一位顾客走近卖场，都会有三种可能性：

一是购买了商品。

顶级店员智慧

"价格"是顾客购买商品的第一要素。

二是不买商品直接经过卖场。

三是经过卖场，也看了商品，但最终购买了竞争对手的商品。

在这三种情况中，顾客购买商品的原因在于顾客存在着购买的行为，并且受两类因素的影响：

一类是理性因素。

一类是感性因素。

顾客购买一件商品，是由理性和感性这两方面的因素所组成的。所以店员在推荐商品时，前一段先从理性的角度来介绍商品，让顾客知道商品物超所值，此时再加以感性因素，比如商品的打折优惠、流行、颜色等等。在品牌连锁店销售的过程中，两者的适度结合才能促成顾客最终实施购买行为。

另外推荐给顾客的商品价格越高，需要理性的因素就会越多，就需要侧重于理性方面的分析，分析商品的质量、性能价格比、售后服务等。如果商品的价格比较低，可能只需要一个感性的因素就能让顾客购买。

◎理性因素（包括价格、功能、质量）

·价格——现在价格和过去价格的对比

"价格"是顾客购买商品的第一要素。

顾客在购买商品的时候要比较价格，譬如和同类的产品比较，与一个月前的价格比较，与同类的品牌比较……这些都是顾客在选购商品时的参考因素。

考虑价格是顾客理性消费，也是顾客购买心理的成熟。若顾客在价格上有迟疑，店员就要举例子、摆事实，通过比较让顾客明白现在的商品"物有所值"。

例如，一顾客对一个标价9999元的玛瑙手镯有兴趣，就是感觉价格贵些。

店员说："这款首饰的材料选自西藏，它经过18道工序完成。最主要的是红色玛瑙可改善内分泌，加强血液循环，让气色变好。这个颜色的玛瑙手镯可以说独一无二，这个价格也可以说是物超所值了。”

·功能——与竞争对手的同类商品进行对比

一位顾客对瑞士、日本的手表大力赞赏。这对于一名卖香港品牌手表的店员是一个挑战，下面是一名店员从功能的角度说服顾客的例子：

香港表从原来落后于瑞士、日本的地位一跃而上，成为三强之首，这其中的奥妙何在呢？

香港是一个以金融为中心的地区，它所生产的表无论从质量还是技术、工艺方面都无法与瑞士的“劳力士”、“雷达”，日本的“西铁城”、“双狮”表相比。

香港的手表商经过仔细研究手表市场，发现瑞士、日本的手表虽好，功能却比较单一。香港表若想打入市场，与瑞士、日本分庭抗礼，非得独辟蹊径不可。

针对瑞士、日本手表的单一功能定位，香港推出了多功能定位的手表。他们设计制作了时装表、运动表、笔表、链坠表、情侣表、儿童表、计算表、打火表、时差表、报警表、里程表等。香港表以其多功能畅销全世界，获得空前成功。

从1978年起，香港手表制成品的出口量已雄踞世界之首，1992年，仅头三个季度，香港就生产了14100万只手表，比上年同期增长了20%。

店员介绍完上面的资料后，接着说：“像这款手表，外形设计是运动型，其能源是利用太阳能，最主要的是它的价格和同类产品相比优惠20%，可以说它有着瑞士和日本表的品质，又兼具时尚与品位于一身，价格公道，售后服务便利。所以，你的眼光真是不错。”

·质量——售后服务

像名牌珠宝卡地亚（CARTIER）、蒂凡尼（TIFFANY）、周大福等等这些国际的品牌，只要持购买发票，随时在世界各地的门店进行清洗和维护，可以说售后服务一流。

对于珠宝首饰之类的贵重物品，不少消费者在购买时只顾挑样式、比价格，却忽略了售后服务，而商家在售后标准的制定上也是自作主张，说法不一。

刚结婚不久的北京市民张女士表示，前两天她在一家珠宝店买了一个玉手镯，可戴了不到一个月，玉镯就出现了小裂缝，张女士去找商家，对方表示玉石售出概不退换，双方几经协商也没有结果，最后张女士只能自认倒霉。像张女士这样，由于商家没有具体的售后条款，导致出现问题后难以协调的事例经常发生。

很多珠宝店售后承诺多达十项，只提供终身免修、免费清洗、抛光等首饰维护及保新服务。产品出现问题，他们要进行检测，如果是产品质量问题，可以免费换新，如果是消费者在佩戴过程中所为，损失由消费者承担。

◎感性因素

店员应悉心判断顾客的类型，了解顾客的想法，尽力满足顾客的要求。珠宝并非生活必需品，购买珠宝完全是为了获得一种心理满足，所以感性因素在很大程度上决定了购买动机。基于这一点，店员在推荐的过程中，在搞清了顾客的购买目的之后，在适当的时候、用适当的语言向顾客传递如下信息：

·当顾客为自己购买首饰时……

贵重的珠宝首饰可提升佩戴者的社会地位。珠宝自古至今都是身份和地位的象征，购买珠宝首饰的人，或多或少都希望通过佩戴珠宝首饰提高自己的身份地位，获得他

顶级店员智慧

人的尊重，成为有面子的人。

要推销贵重的珠宝首饰，便要强调这一点（当然要注意语言的表达方式），要让顾客认同：越是贵重的珠宝，越不是普通人买得起的，要让他觉得戴了这件首饰之后自己的身份地位更加与众不同，更加非同凡响。

·当顾客为别人挑选礼品时……

赋予特殊意义的珠宝能让人获得情感的满足。珠宝在人类的历史长河中逐渐地被赋予了许多文化和情感内涵，如钻石被看作是爱情的象征，还有不同的宝石可作为不同月份的生辰石等，这些都是很好的卖点。当你了解到你的顾客是要为结婚的情侣购买礼品或为朋友购买生日礼物时，这些话有很强的说服力。

·当时髦女士为自己挑选首饰时……

漂亮的珠宝有很强的装饰作用。漂亮的珠宝确实能给人以美的享受，特别是品质优良、设计独特、做工精细的珠宝饰品，配衬以相应的服装，更让人觉得高雅华丽，当向一位打扮入时的女士推荐一款首饰时，你可以说“这款首饰很适合你的气质”，这类恰如其分的赞美的话往往能起到令客人最终做出购买决定的作用。

·当你的顾客是一位长者时……

贵重的珠宝首饰有很强的保值功能。珠宝有很强的保值功能，价值恒久，这本身就是客观事实。在中国的消费者中，特别是在老年消费者中，保值增值的观念根深蒂固，总是希望能给后人留点什么，对这类消费者来说，保值增值的观念也是一个很好的卖点。

以上讲的是感性因素，它决定了顾客的购买动机。而做工的优劣、价钱的高低、服务的好坏和商店的信誉等理性因素，则决定了顾客是否在你的店里购买，在当今同质化产品充斥市场的今天，给了消费者很大的选择余地，能

顶级店员智慧

否在贵店成交，这就取决于店员留住顾客的能力。

感性消费是基于消费者个人的情绪情感体验而产生的消费行为，它以个人的喜好作为购买决策标准，以个人心理满足、个性实现为主要消费目标，分析如下：

·个人心理满足

人类的需要具有多重性，既有物质性需要，也有精神性需要，并且这两类需要常处于交融状态。一方面，物质需要的满足可以带来精神上的愉悦；另一方面，精神上的满足又可以强化物质需要的满足，甚至会代替物质需要的满足。

从这种意义上说，产品的质量是基础，附加值是超值。作为物质形态的产品或服务，本来并不具备心理附加值的功能，但适当的广告宣传，会给产品人为地赋予这种附加值，甚至使该产品成为某种意义或形象的象征——购买这类商品时可以获得双重的满足，一是物质上的，一是精神上的，这对于有条件购买该产品的消费者会产生极大的吸引力。

如“派克钢笔”是身份的象征，“金利来”代表的是成功男人的形象，而“万宝路”则是独立、自由、粗犷、豪放的男子汉的象征。

·个性实现

在某种程度上，珠宝是直抵佩带者内心的通道。珠宝的种类、佩戴的方式、对待首饰的态度，都会不自觉地流露出佩带者深藏于心底的秘密。

面对形形色色的珠宝首饰和形形色色的顾客，店员要知道与顾客匹配的首饰含义，这样自然可以销售更多的产品。

·字母饰物：对充满幽默感的时尚人士来说，字母饰物无疑是最好的选择。

无论配以时髦的打扮还是简约的装束，带有强烈装饰性的LOGO都能表达出恰到好处的招摇。Gucci的坠子、D&G的项链、Dior的耳环……这一切都在流露年轻和享乐的心态，善变的个性和植根于现代社会的焦虑，名牌的字母LOGO可以用来掩饰担忧，也能用来提醒别人尊重自己的个人空间。

·护身符：在所有方面都要与众不同的人，一定钟爱护身符的风格。

细长的链子、串着各种金属片的小装饰、名牌的LOGO，都比鲨鱼牙齿来得细腻含蓄。这些丁丁当当的饰物可以在穿两片泳衣时环在腰间，也可以在海滩或者舞厅里戴在脚踝。特别的图形可能有类似图腾的神秘力量，不仅可以用来改变运气，甚至能在考试、面试的时候帮你一把哦。

·民俗饰物：珠子、贝壳、琥珀、绿松石耳坠或者皮饰，民族饰物的异国情调对带有艺术家气质的女孩来说具有致命的诱惑，Céline，Isabel Marant和Kenzo都推出过这种风格的饰物。

穿泳衣的时候当然可以搭配民族饰物，而穿单色T恤的时候则可以用来突出重点部位。它向别人传递出积极开放和消极避世混合的神秘，同时也体现出能随时融入另一种文化的决心。

·古董饰品：Dary's的胸针、Casoar的耳坠、Ralph Lauren的颈链、18世纪的戒指……古老的东西总能引起幻想和全新的灵感。

它们极易搭配：可以用复古耳环搭配牛仔，可以在穿搭裢时戴好几个戒指，前卫的感觉则可以通过热裤搭配出来。在办公室、派对和酒会，喜欢打破常规的人用古老的饰物来强调自己的家族形象，表达自己的个人价值。

·设计师首饰：时髦优雅。

Dinh Van的链式手镯，Chaumet的指环，Tankde Cartier的戒指，Arthus-Bertrand袖套式手镯银质手链……这些经过人体工学设计的饰物不仅更适于佩戴，而且能营造出风情万种的优雅，搭配牛仔、高跟鞋、黑色T恤以及黑色小礼服裙，最适合有品味、有气质的女人。这种纯粹的美感在强调佩带者个性的同时，也揭示了她们想在社交场合展现魅力的内心。

★促成交易技巧

【案例】

店员甲："老板，来照婚纱照呀？"

顾客："嗯，随便看看。你们这的水平怎么样？"

店员甲："您放心，咱们这都是高级照相师，经验丰富。"

顾客："这套婚纱照挺漂亮的，多少钱？"

店员甲："您说这套呀，现在搞特价，98块一张，一套40张。"

顾客："啊，怎么这么贵，隔壁没搞特价才78块一张，你这个比人家贵这么多，还搞特价呢！"

店员甲："老板，我们这是名师设计，一分钱一分货嘛！"

顾客："那我再转转，再看看吧。"

顾客走掉了，而且也没有再来看看。按理来说，这位店员甲介绍得已经相当专业了，为何没有能够打动消费者呢?

我们再来看看某品牌店员乙成功运用销售技巧：

顶级店员智慧

一位衣冠楚楚的年轻顾客气宇轩昂地走进婚纱店，店员乙迎上前去。

店员乙："老板，来照婚纱照呀？"

顾客："嗯，随便转转。"

店员乙："一看您这身名牌，就知道是有钱人。您在哪里置办酒席呀？"

（点评：不谈照相先说人，巧妙探寻顾客的情况。）

顾客："哪里哪里，你真爱说笑，我们这种穷人哪置办得起酒席，就在名门饭店请几位朋友聚聚。"

店员乙："名门饭店呀，您还说没钱，那可是五星级酒店。能在那里置办酒席可都是成功人士啊！"

（点评：对于饭店的熟悉，让店员乙对顾客有了初步的判断。）

顾客："哈哈，你真会说话。什么成功人士，都是让资本家剥削的可怜人呀！"

店员乙："您在名门饭店置办酒席，那里的婚宴价格不菲。"

（点评：巧妙引导话题。）

顾客："嗯，我订八桌，每桌6800。"

店员乙："对，前两天，我们就接待一位，也是在我们这儿照的婚纱照，也在名门置办的酒席，他那位新娘子对我们的服务赞不绝口，你看，我们还留了样板照。"店员边说边拿出照片给顾客看。

店员乙："你看，不但有很多像您这样的成功人士在我们这里消费，前两天我们还接待了一对大使馆的外宾。"

（点评：通过证据，增加语言的可信度。）

顾客："嗯，看来你们的服务不错。"

店员乙："像您这样的人士，大多数都是在外资公司上班的白领，我们针对像您一样的尊贵客户推出了两款婚纱照，消费这两款婚纱照的话，现在能够享受特价优惠和超值服务。你来看一下，就是这两款婚纱照。"

（点评：引导客户思路，主动推荐，把主导权掌握在自己手里。）

顾客："确实不错，特别是这套海边照，看上去清新淡雅，很有档次的样子。"

店员乙："您真是有眼光，这款'海枯石烂心不变'在我们这卖得最好，我们的客户百分之八十都是选用的这套婚纱照。"

顾客："不错，多少钱一张？"

店员乙："这套相册是我们针对成功人士推出的顶级产品，原价168元一张，现在可以享受团购价八八折，148元，也就是个中档偏上的价格。"

（点评：用原价做对比，尽量淡化价格。）

顾客："哇，这么贵。隔壁看上去也不错，才98块而已，侃侃价估计还能便宜点儿，你打完折还要比人家贵一半，这个价钱也太离谱了吧。"

（点评：顾客开始提出异议）

店员乙："是这样的，老板。我们这个148元是含着很多服务在里面的。别的店只提供几套服装，我们有几十套服饰可以选择。另外，我们选择的景点也是高级的。同时，我们给您配备美容师、化妆师、服饰指导设计师，您知道的，我们的服务是最周到、最完善的。"

顾客："你说的是很有道理，但是就是这样，你们的价格还是贵。"

店员乙："这样吧，老板。看您是诚心在我们这里消费，我找经理特批。"

顾客：“好吧。”

※注意事项※

店员的销售是需要一些技巧的，譬如：手上不要玩弄小物件、站位看得到所有进店的顾客、顾客一眼就能看到你。

下面和大家交流一下接近顾客的一些基本技巧：

◎不要说“随便”

现在很多店员喜欢用“请随便看看”来代替“欢迎光临”。殊不知这句“请随便看看”的欢迎语正好给顾客灌输了一种“看看就走”潜意识。

打个比方说说潜意识对人心理的作用：

早上，当你一觉醒来，对自己说“今天我心情很好，我是一个快乐的人”。那么，你一天可能都是快乐的，这正反映了潜意识对人的作用。所以，你如果也习惯对顾客说“请随便看看”，请立即更正你的说法。

◎不要过分热情

大家一定有这种经历，有时候我们在专卖店或商场购物时，我们会碰到一些过分热情的店员，他们老远就会和你打招呼，当你走进她的专柜时，他更是尾随而至，寸步不离，并且喋喋不休地开始介绍他们的商品如何如何。

作为顾客来说喜欢有一种宽松的、自由的购物环境，供他们观赏和挑选，不分青红皂白的介绍，反而会让他们感到一种无形的压力，而趁早“逃之夭夭”。所以我们切忌“不要过分热情”。

◎接近顾客的最佳时机

我们应该让顾客自由地挑选商品，并不是意味着对顾客不理不睬，不管不问，关键是你需要与顾客保持恰当的距离，用目光跟随顾客，观察顾客。一旦发现时机，立刻出击。

那么，什么才是最佳时机？

·当顾客看着某件商品（表示有兴趣）

·当顾客突然停下脚步（表示看到了一见钟情的“她”）

·当顾客仔细地打量某件商品（表示有需求，欲购买）

·当顾客找洗水唛、标签和价格（表示已产生兴趣，想知道品牌、价格、产品成分）

·当顾客看着产品又四处张望（表示欲寻求店员的帮助）

·当顾客主动提问（表示顾客需要帮助或介绍）

3 能力培养

★观察力

俗话说“知人、知面、不知心”，但是通过人的动作或表情这种无声的语言、非言语的语言，却可以读出人的心理活动或心理状态。

具有良好观察能力的店员，不仅能从顾客的言谈举止、面部表情和视线上准确判断顾客的意图和兴趣指向，由此了解到顾客的气质特点和兴趣指向，采取相应的接待方法，而且能透过事物本身的外部反映，迅速掌握顾客的心理变化，灵活运用各种心理策略，对顾客进行诱导或满足其心理欲求。

观察顾客可以从以下几个方面进行辨别：

◎眉毛

顶级店员智慧

·横眉冷对：一位顾客对某个产品有不好的印象，他就会“横眉冷对”，此时，店员如发现顾客有这样的反应，应该马上停止推介，把话题引向别处。

·扬眉吐气：顾客买到渴望已久的产品，就会“扬眉吐气”。

·喜上眉梢：当店员说产品可以打折时，顾客就会“喜上眉梢”。

·双眉倒立：一位顾客手上拿着已经断底且高价格购买的鞋子，他就会“双眉倒立”。

·眉飞色舞：一位顾客购买了美宝莲化妆品，并且确实给她带来效果，每当提及此类产品，她就会“眉飞色舞”。

◎鼻子

·鼻子哼着小曲，想努力掩饰一种内心的不安。

·皱皱鼻子，表示反感。

·轻轻地揉捏了一下鼻子，嘴唇略微抿起，试想掩饰自己内心的不安。

·鼻子挺直，嘴唇抿得很紧，显出内心的倔强。

◎眼睛

如果想了解一位顾客，可以观察他的眼睛，从他眼睛寻找答案。

·精力充沛的人，他的眼睛通常是明亮有力。

·睁大眼睛，表示好奇和兴趣。

·眼睛笑得眯成了一条缝，表示高兴。

◎声音

·闻其声而知其人。

·声音粗犷，乐观直率。

·声音尖锐，情绪不稳。

顶级店员智慧

店员口才，就像画家手中描绘形象的彩笔。

·声音低沉，内心压抑。

◎从行为习惯洞悉内心世界

·吸烟时不停地磕烟灰，表明内心有冲击或不安。

·让烟烧着很少拿起来吸，表明在紧张思考或等待紧张心绪的平息。

·连续深吸卷烟（烟斗）表明内心的恐慌或是紧张地思索。

·没吸几口就把烟掐灭，表明想尽快结束谈话或已下决心要干一件事。

★表达力

真挚流畅的表达，能迅速、完整、生动地向顾客提供信息，引起顾客发自内心的好感，激发顾客的购物行为。它包括：

◎语言表达

店员要和顾客打交道，少不了开口说话，有人形容说："店员口才，就像画家手中描绘形象的彩笔。"

顾客往往从店员说话态度、方式、内容及语调来判断商店素质的优劣。

语言表达力是店员需掌握的非常重要的基本素质。

店员应掌握好柜台基本用语，并按文字逻辑性合理规范地表达。

比如，顾客进门，应说："欢迎您光临。"

因手头忙，无法接待某些顾客，应说："实在对不起，请稍等片刻。"

规范的礼貌用语，体现了说话人的涵养，表现了说话人对对方的尊敬和友善。于是，一种温馨的气氛，悄然融入了顾客的心扉。

店员的语言表达必须流畅，音调高低适度。高的刺耳难忍，低的压抑难辨及停顿过多过长、冗词过多的语言，会分散顾客的注意力，降低购买欲望。

店员语言表达要中肯恰当。在交谈中，要把握好分寸，尊重顾客的内心感受，避免让顾客不悦或与顾客发生冲突。

美国一家以肥胖女士为对象的女装店，其服装设计与一般女装店并无不同，但它一年下来却由开业之初的5000美元资本，年营业额达到了10万美元。其成功的原因就在于维护了肥胖女士的自尊心。

在该店，人名代替了尺码。这样一来，顾客上门时店员不会有“这件特大号正适合你”的说法了，代之以：“你穿着和玛格丽特正相配呢！真美，很合身！”

俗话说“话不投机半句多”。

说错一句话，很可能使整个努力前功尽弃。为此，店员必须慎选话题。

据日本一位市场营销专家总结，卖场中的话题，有六大忌讳：政治和宗教方面的话题；顾客深以为憾的缺点及弱点；不景气手头紧之类的话；竞争对手的坏话；上司、同事和单位的坏话；别的顾客的秘密。

另外，店员的语言表达必须富有情感且生动形象。这样能唤起顾客的思维想像力，使顾客处于良好的购物情绪之中。

◎**表情传达**

心理学上讲，人与人之间的交往，前10秒钟最关键，10秒钟决定对方以何种态度跟你接触，微笑是上天赐给我们重要的肢体语言，如果一开始你的肢体语言给对方的印象是：“其实我不想见到你”，你认为对方同样会接受你

顶级店员智慧

说错一句话，很可能使整个努力前功尽弃。

吗？既然你给对方的感觉是这样的，那么，大家公对公，没什么感情可言，你认为接下来的交谈会愉快吗？

所以，不管我们在与顾客见面前发生什么事，那是你自己的事，见了顾客，首先就要微笑，这比你的着装与你的礼仪更重要。

有一位心理学家，经大量的调查研究发现：说话的影响力（1）=言辞（0.07）+ 语调（0.38）+ 面部表情（0.55），表情有着重要的表达功效。

对店员来说，最重要的表情，莫过于热情与微笑。热情与微笑，能沟通感情，变生疏为亲密，变隔阂为融洽，变不满为顺心，变恼怒为谈笑，运用得当的热情和微笑，有着“无声胜有声”的魔力效应。

★记忆力

准确的记忆是高效服务的后盾，给顾客留下良好的印象；反之，记忆不准、反应有误会让顾客反感，影响顾客的购物情趣。

为此，店员平时要注意锻炼大脑的敏捷性，加强快速记忆的训练，不断扩大记忆的广度及深度，在最短时间内记忆尽可能多的内容，包括：

· 商品知识。
· 顾客的姓名。
· 音容笑貌。
· 兴趣爱好。
· 性格特点。

下面介绍增强记忆的9种方法：

顶级店员智慧

◎注意集中

记忆时只要聚精会神、专心致志，排除杂念和外界干扰，大脑皮层就会留下深刻的记忆痕迹而不容易遗忘。如果精神涣散，一心二用，就会大大降低记忆效率。

◎兴趣浓厚

如果对学习材料、知识对象索然无味，即使花再多时间，也难以记住。培养工作上的兴趣，这样会增强自身的成长。

◎理解记忆

理解是记忆的基础。只有理解的东西才能记得牢记得久。仅靠死记硬背，则不容易记得住。对于重要的学习内容，如能做到理解和背诵相结合，记忆效果会更好。

◎过度学习

常言说：书读百遍，其义自现。

即对学习材料在记住的基础上，多记几遍，达到熟记、牢记的程度。

◎及时复习

遗忘的速度是先快后慢。对刚学过的知识，趁热打铁，及时温习巩固，是强化记忆痕迹、防止遗忘的有效手段。

◎经常回忆

学习时，不断进行尝试回忆，可使记忆有错误得到纠正，遗漏得到弥补，使学习内容难点记得更牢。闲暇时经常回忆过去识记的对象，也能避免遗忘。

◎视听结合

可以同时利用语言功能和视、听觉器官的功能，来强化记忆，提高记忆效率，比单一默读效果好得多。

◎多种手段

顶级店员智慧

顾客是上帝，但他是由你塑造的。

根据情况，灵活运用分类记忆、图表记忆、缩短记忆及编提纲、做笔记、卡片等记忆方法，均能增强记忆力。

◎**最佳时间**

一般来说，上午9~11时，下午3~4时，晚上7~10时，为最佳记忆时间。利用上述时间记忆难记的学习材料，效果较好。

★应变力

顾客是上帝，但他是由你塑造的。

店员每天面对着不同年龄、性别、个性和需求的顾客，身临纷杂多样、时刻变化的服务情境，因此，店员的服务工作绝不可僵化死板。唯有灵活的处理服务，才能创造"上帝型"的顾客，这需要店员有应变能力。

在遵守工作纪律和原则的基础上，店员应根据错综复杂的情况，针对顾客的各种特点，采取创造性的服务措施。

一位女顾客要求某品牌专卖店退回一条毛料裤，她对店员说："我绝没有穿过这条裤子，请一定退换。"

店员仔细检查了毛料裤，发现许多地方有干洗过的痕迹，要是直截了当地向顾客说出这一点，顾客决不会轻易承认且易产生争执，因为她已表示绝对没穿过。

机敏的店员为避免与顾客发生争执，以平和的口吻说道：

"我很想知道，是否你们家的某位成员把这件衣服错交到干洗店去了。我记得不久前我也发生过一件同样的事情，我把一件刚买的衣服和其他衣服一起堆在沙发上，结果我丈夫没注意，把这件刚买的新衣服和一大堆脏衣服一古脑儿塞进了洗衣机。我怀疑你是否也会遇到这种事情，因为这条裤子的确看得出有被洗过的痕迹。你只要将它与商场别的新裤子一比就清楚了。”

女顾客进行了比较，感到隐瞒不过，于是借着店员已为她搭好的台阶，心悦诚服地收起裤子离开了商场。

★自控力

一天上午，某钟表店最佳店员小王所在的专卖店进了一批时尚手表，顾客特别多。

尽管小王再三解释供应充足，顾客仍然往前挤。忽然，一青年火冒三丈地说：“卖货的，你瞎眼了，没见站半天了？”

这位青年突然的举动，使在场的顾客都吃了一惊。这些顾客觉得这位青年太没礼貌了，店员决不会善罢甘休。

尽管小王当时被噎得两眼噙着泪花，但她还是克制住自己向青年说道：“对不起，让你久等了，待我把前边两位顾客的手表包好，就给你拿。”

彬彬有礼的回答，使青年不禁惭愧起来：“对不起，刚才我是准备和你吵架的，结果你倒向我道歉，这真使我不好意思。”

小王以宽容忍耐之心接受顾客的抱怨，既平息了顾客的怨气，赢得了顾客的赞许，又维护了商店的良好形象。

你不能左右天气，但你可以控制自己。

人都生活在五味罐中，会享有快乐和幸福，但也会遭受烦恼和不幸。因此，人难免要产生各种心理波动，店员当然也如此。

正如汽车需要“车闸”来限制速度一样，店员需要冷静分析各种事物，要有能够忍受委曲痛苦的自控力，以控

顶级店员智慧

你不能左右天气，但你可以控制自己。

顶级店员智慧

制自己的情绪。

烦恼的时候迁怒于顾客，或对顾客大动肝火，与顾客唇枪舌剑，即使错误出自顾客，专卖店的信誉也会因此受损。

顶级店员能始终用理智的力量控制住自己的消极情绪，以愉快乐观的精神状态热情周到地为顾客服务。

即使顾客无理取闹，自尊心受到伤害，他们也不会因愤怒而变得粗野，而是平静耐心地寻求解开疙瘩的方法。

4 销售自己

★本人就是第一商品

雅诗兰黛公司底下还有其他鼎鼎大名的分支品牌，比如倩碧、阿拉米斯、波比·布朗、马克、原创、简、唐娜·卡兰等等。其创始人艾诗蒂有着极高的经营才能，并且她是一位善于销售自己的天才。

一天，一位烫着卷发、美丽动人的妇人来到艾诗蒂的美容厅。她衣装雅致，引起了对美有着特殊爱好的艾诗蒂的注意。艾诗蒂称赞她衣服漂亮，并询问衣服购自何处。

谁知这位妇人眼也不抬，冷冷地说："告诉你又有何用？难道你穿得起这样的衣服吗？"艾诗蒂满脸通红，默默地走开了。

正是这位妇人，改变了艾诗蒂一生的事业。艾诗蒂决定开创化妆品事业初期，她既没有资金打广告，产品也没有打入大型商场。

但她具有一个女人的直觉：在适当的时候，把试制的化妆品样品作为礼物送人，其推销效果会更好。机会终于来了。当她得知纽约最豪华的第五街萨克斯百货公司的助理采购员姆斯小姐由于汽车事故而使脸上留下难看的疤痕时，艾诗蒂主动把自己生产的雪花膏给她送去。

几个星期后，这位小姐脸上的疤基本消失了。没几天，萨克斯公司的化妆品采购员主动找上门来，向艾诗蒂订购了一笔货。艾诗蒂（Youth Dew）回忆说：“当时我高兴地大声高呼，机会终于来了。”

在一次舞会上，艾诗蒂认识了当时纽约美容业的名家海达娜·鲁宾斯坦夫人。在仔细端详了这位夫人之后，艾诗蒂很有礼貌但也很直率地对她说：“很荣幸能认识你。你长得很漂亮，也很可爱，但是如果你的脖子上再擦上一点雅诗兰黛粉饼，那就更美了！”说完，艾诗蒂随即赠送了一盒雅诗兰黛化妆品给海达娜·鲁宾斯坦夫人。

就这样，或赠送，或邮寄，或在慈善活动时免费派发，或随购买的商品一并给予顾客。艾诗蒂因此赢得了成千上万的顾客。

艾诗蒂随时做好准备，推销自己，她知道去把握每一个机会，这应该是我们的态度。只有这样才可能获得成功，并且也要清楚“欲取之，必先予之”，而急功近利是做不成大生意的。只有通过前期的积累，努力的成果才能在后来爆发。

一个品牌连锁公司的销售额都是由店员直接面对顾客创造的，没有一个士气高涨、目标一致的店员团队，创造令人满意的销售是不可想象的。

在一个品牌连锁店，除商品、门店形象这两个硬件外，更能代表品牌形象的是人，活动的人，如果这个品牌的人不能成为品牌的一部分，那就是这个品牌的失败。因此店员自身要发挥最大积极性、主动性和创造性，做好品

顶级店员智慧

在一个品牌连锁店，除商品、门店形象这两个硬件外，更能代表品牌形象的是人，活动的人，如果这个品牌的人不能成为品牌的一部分，那就是这个品牌的失败。

顶级店员智慧

牌代言、争创销售业绩。

店员是门店形象的一部分，门店形象吸引了顾客进来，但进来之后发现店员服装陈旧、面目可憎、东倒西歪、横眉冷对，顾客会有可能消费吗？我们考虑门店形象不单只看到硬件不动的物体，更要看到软件人的状态。

人与环境的和谐统一，让门店更加生气动人，即使高贵如卡地亚、经典如蒂芙尼、富丽如周大福、高雅如谢瑞麟，这些品牌的店员行为和服务是一致的：热情友善、周到体贴。因为他们深知“销售成功，首先要从店员开始”。

大家都知道，店员在销售任何一种商品的时候，中间穿越了一个很重要的东西，就是你一定先要把自己销售给对方，所以，你本人就是第一商品。

《吉尼斯世界纪录大全》的保持者、世界最伟大的推销员乔·吉拉德曾说：“人们买走的不是产品，而是我乔·吉拉德。”

也就是说，如果说你不能把你自己这个第一商品销售出去，同时顾客不能够很高兴地接受的话，而且你没有让对方发现商品的好处和价值的时候，他们是绝对不会买你的商品的。所以，在推销产品之前，先推销自己。

很多时候，一些店员第一次和顾客见面就喋喋不休地介绍他们的商品，有些人的口才也是很不错，但他们很少能让顾客再给第二次机会，因为他们的表现没有让顾客有丝毫的兴趣跟他们做生意。

★做一流的销售高手

销售，是一项为顾客带来价值的活动，有些店员只想销售出自己的产品，而很少去关注顾客的感受。也许，他们也知道“推销自己”的道理，但在他们的实际行为中，操作起来却差强人意，成功的店员懂得更多的做人道理。

一位知名的营销界人士说过这样的一句话：

四流公司杀价格；
三流公司拼服务；
二流公司比品牌；
一流公司定规格。

其实做人也就像做公司一样，你想要做一个什么样的人，那么，就会在你的心中横生出一种想要去实现它的愿望，而在实现这个愿望的过程中，将会是你学会怎么样做人和怎么样做事的一个绝对的机会。

就如店员，在经营别人的产品的同时，你也在经营着你自己。店员以产品作为桥梁，与不同的人进行沟通。我们要实现产品的销售，更要实现自身的不断发展。

不管我们与什么样的顾客打交道，我们的产品都只是与之产生沟通的一个工具，真正要销售的是你自己，只有把你自己推销给了顾客，他才会在接受了你这个人的前提下，接受你的产品和服务。

如果顾客不接受你这个人，你拥有再好的产品他也是不会理会的。因此，店员在做销售的过程中，如何才能使人信任你、佩服你，是我们面临的一大难题，而且这道难题面对不同的人的时候他的难易程度也会不一样，怎样在推销的过程中学会成长，学会做事，这其实就是在学习怎样做人。

大家可能都有过这样的感叹：在职场“做人难，人难做，难做人”！其实做人并不难，难就难在不肯吃亏，不肯为人服务；如果凡事都能替别人设想，自己也懂得有所为有所不为，做人又有何难呢？因此，只要懂得做人的方

顶级店员智慧

你本人就是第一商品。

法，做人做事就不难。

顶级店员智慧

我们不要只是为了单纯的某个目的而跳槽，而应该对自己有更长远、更规范的目标。

★小胜靠智，长胜靠德

店员在现实的工作中不断地向每一位顾客销售我们自己，只为的是以后不会像那些四流的公司一样为销售自己而把自己贱卖，经营自己就像是经营自己的事业一样，要形成一定的品牌价值，要在行业当中形成一定的影响力，才会有人看得起你。

没有哪一位店员是在一家品牌连锁店里工作到老。到了不同的品牌连锁店，就会有不同的产品让我们去销售，就会有不同的顾客让我们去面对。

我们必须在每一项工作中尽可能做到最好，尽量让自己在结束一份工作的时候不仅仅是只留下经验，还应有人脉、网络以及自身价值。

我们不要只是为了单纯的某个目的而跳槽，而应该对自己有更长远、更规范的目标，店员们如果没有一个自己已经规划好的目标，他就是走再多的公司也不会对自身有所提高，反而只会在业界给自己造成不必要的负面影响。

作为一名店员，我们真正要销售的是我们自己，我们能够销售的也只有我们自己。作为一名店员，经营好自己的职业生涯才是我们的最终目的。

良好的作风跟个人的品行是分不开的。力争上游的店员先要做好人，树立正确的世界观、利益观，不断增强“德”的观念，加强“德”的锻炼，注重“德”的修养，做到既具有很强的感召力和影响力，又具有令人折服的人格魅力。这样，才能在实际工作中，做到高效、聚人、聚心、聚财、聚威、聚情。而这，也就是一种能公道处事、勤奋干事的“店员精神”。

然而，始终保持这种“店员精神”却并不容易。所以，一些店员难免出现这样那样的问题：有的店员心浮气躁，学不求深，思不求解，有“唱功”没“做功”，讲起来头头是道，做起来华而不实；有的缺乏滴水穿石的精神，虚张声势，夸夸其谈，三分成绩七分说；有的急功近利，与同事争利……凡此种种，皆不利于店员品行的修养。

顶级店员智慧

5 成功素质

我在培训界工作多年，通过我的研究发现，顶级店员有三方面的主要素质：内在动力、干练的作风以及与顾客建立良好业务关系的能力。如图：

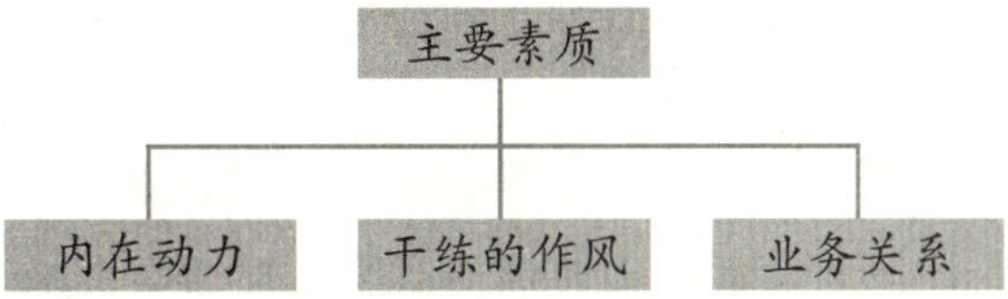

【图】三方面的主要素质

★推动自己

“不同的人有不同的动力——自尊心、幸福、金钱，你什么都可以列举，”一位专家说，“但是所有顶级店员都有一个共同点：有成为杰出之士的无尽动力。”

这种强烈的内在动力可以通过锤炼和磨练形成，但却不是能教会的。

动力的源泉各不相同——有的受金钱的驱使，有的渴望得到承认，有的喜欢广泛的交际。盖洛普研究揭示了四种性别类型（竞争型、成就型、自我实现型或关系型），这四种人都是顶级店员，但有各自不同的动力源泉。如图：

顶级店员智慧

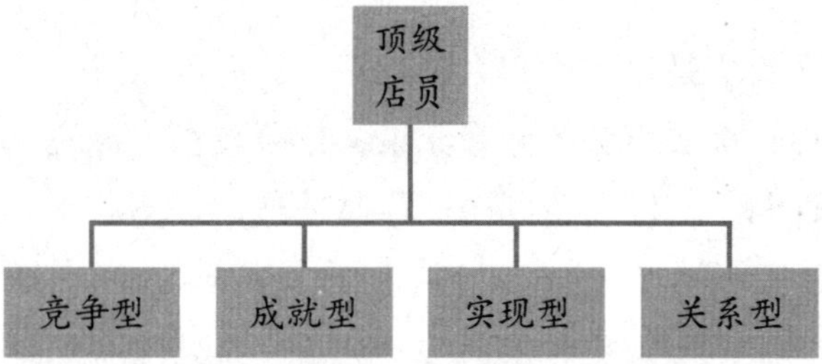

【图】顶级店员

◎竞争型

竞争型的人不仅想要成功，而且渴望战胜对手，战胜其他连锁公司和其他店员，从而获得满足感。他们能站出来对一个同行说："你是本年度最佳店员，我不是对你不恭，但我会与你一争高低的。"这样的店员有激情和活力，是很难得的"猛将"，他是团队中的活跃分子，他可以使整个团队行动起来，使他的竞争精神感染大家。

◎成就型

所谓"成就感"，顾名思义，是一个人对自己的"成就"进行一番评价后产生的感觉。

不同的人进行自我成就评价时适用的标准不同，产生的"感觉"往往也会有所不同。比如在同一个单位从事同样工作的两个人，收入水平、升职机会和外界评价等基本相同，但两人的成就感却可能大不一样。

一名店员最希望成就什么，他目前所从事的工作是否有助于实现理想，他在所供职的单位长期干下去有没有前途，他自己应该非常清楚。

一名店员培养自己的成就感，无非是坚持学习、勤奋工作，不断在职场上开辟新天地。而作为用人单位，则可以通过加大人力资本投入，加强对员工的知人善任和教育培训，努力构建尊重员工、以员工为本的公司文化，以此培养员工的成就感和对公司的忠诚感。

◎自我实现型

追求自我实现的店员就是为了想体验一下获胜的荣耀。他们不论竞争如何，就想把自己的目标定得比自我能做到的要高。他们一般能成为最好的营销经理，因为他们只要能使自己的机构完成任务，对他人的成败与否看得不重。

很多自我实现感强的店员，一般有如下特征：

能把自己的感情出口放宽，不使自己的心胸像个瓶颈。

在任何情境中，都尝试从积极乐观的角度看问题，从长远的利害做决定。

对生活环境中的一切，多欣赏、少抱怨；有不如意之处，设法改善；坐而空谈，不如起而实行。

设定积极而又可行性的生活目标，然后全力以赴求其实现。

对是非之争辩，只要自己认清真理正义之所在，纵使违反众议，也应挺身而出，站在正义的一边，坚持到底。

不使自己的生活僵化，为自己在思想与行动上留一点弹性空间，偶尔放松一下身心。

与人坦率相处，让别人看见你的长处和缺点，也让别人分享你的快乐与痛苦。

◎交际型

最后一种是善于交际的店员，他们的长处在于他们能与顾客建立和发展好业务关系。他们为人慷慨、周到、做事尽力。“这样的店员是非常难得的，”名牌珠宝梵克雅宝（VANCLEEF&ARPELS）国内培训经理说，“我们需要那种能够耐心回答顾客可能提出的第十个问题的店员，那

顶级店员智慧

在推销工作中，没有什么神奇的方法，只有严密的组织和勤奋的工作。

种愿意和顾客在一起的店员。”

没有谁是单纯的竞争型、成就型、自我实现型或关系型店员。多数顶级店员或多或少属于其中的某一种主要类型而兼顾其他类型特征。

“竞争型的店员如果有一些关系意识，他可能除在照顾顾客方面做得很好外，还能得到大笔业务。”盖洛普管理咨询公司主任认为，“对这样的人，谁还能苛求更多呢？”

★严谨的工作作风

大部分顶级店员真得很严谨，1就是1，2就是2。规定了怎么做，就得怎么做，没有变通性。比方说，东西的摆放，工作的程序，必须按部就班。

严谨的工作，有一定的好处，工作效率还不错。

如果店员的销售组织不好，凝聚力不强，工作不尽力、不认真，他们就不能满足现在的顾客越来越多的要求。

顶级店员能坚持制定详细周密的计划，然后坚决执行。

在推销工作中，没有什么神奇的方法，只有严密的组织和勤奋的工作。

顶级店员依靠的是勤奋的工作，而不是运气或是雕虫小技。名牌化妆品香奈儿（CHANEL）的一位高管在谈到这个问题时说：“有人说他们能碰到好运气，但那是因为他们早出晚归，有时为一项计划要工作到凌晨两点，或是在一天的工作快结束、人们都要离开办公室时还要与人商谈。”

回想自己的成长历程，自己取得的每一个小的成就都在于自己的坚持，自己的恒心。持之以恒，没错，生活中，我们每个人基本都能找到实现目标的方法，而且大家都在努力地去做，之所以结果有差异，问题就在于你坚持的程度，你有没有“咬定青山不放松”。

若你最大限度地坚持了，我想你也就取得成功了，成功是水到渠成的，自然而然的，没有任何窍门、捷径。

★建立良好关系

在当今的关系营销环境中，顶级店员最重要的一点，就是成为解决顾客问题的能手和与顾客拉关系的行家。他们能本能地理解到顾客的需求。如果你和门店主管谈谈，他们会给你这样描述顶级店员：全神贯注、有耐心、够周到、反应迅速、能听进话、十分真诚。

顶级店员能够站在顾客的立场上，用顾客的眼光看问题。

顶级店员一般遵循以下原则和顾客建立良好关系：

◎平等原则

名牌化妆品雅诗兰黛（ESTEELAUDER）的高管认为，在人际交往中总要有一定的付出或投入，交往的两个方面的需要和这种需要的满足程度必须是平等的，平等是建立人际关系的前提。人际交往作为人们之间的心理沟通，是主动的、相互的、有来有往的。人都有友爱和受人尊敬的需要，都希望得到别人的平等对待，人的这种需要，就是平等的需要。

◎相容原则

相容是指人际交往中的心理相容，即指人与人之间的融洽关系，与人相处时的容纳、包涵、宽容及忍让。要做到心理相容，应注意增加交往频率；寻找共同点；谦虚和宽容。

店员面对的是不同的顾客，有些顾客认为，我来你们店里消费，我就是上帝，在这样的心理驱动下，有些顾客甚至骄横无礼。

在这样的情况下，店员要心胸开阔，宽以待人。要体谅他人，遇事多为别人着想，即使别人犯了错误，或冒犯了自己，也不要斤斤计较，以免因小失大，伤害相互之间的感情。

◎互利原则

店员是给顾客提供帮助和服务的人，顾客是专卖店的衣食父母，所以双方应该互惠互利。建立良好的顾客关系离不开互助互利，可表现为人际关系的相互依存，通过对物质、能量、精神、感情的交换而使各自的需要得到满足。

◎信用原则

信用即指店员诚实、不欺骗、遵守诺言，从而取得顾客的信任。

人离不开交往，交往离不开信用。要做到说话算数，不轻许诺言。与顾客交往时要热情友好，以诚相待，不卑不亢，端庄而不过于矜持，谦逊而不矫饰作伪，要充分显示自己的自信心。

一名有自信心的店员，才可能取得别人的信赖。处事果断、富有主见、精神饱满、充满自信的店员，就容易激发顾客的交往动机，博取顾客的信任，产生使人乐于与你交往的魅力。

第三章　销售五步曲

销售专业中最重要的字就是“问”。

——博恩·崔西

1 看——观察顾客待时机

★敏锐观察，行动迅速

观察顾客时要表情轻松，不要扭扭捏捏或紧张不安。注意：观察顾客不要表现得太过分，像是在监视顾客或对他本人感兴趣一样。

观察顾客可以从以下这些角度进行：

◎年龄

男人女人是不一样的，岁数大点就从脸上辨认。

女的一般是从鱼尾纹入手，保养得再好的女人都躲不过鱼尾纹，这是辨认稍微大些的女性最好的特征。男子也可从皮肤粗糙程度看，虽然男子不怎么保养，但年轻的男子皮肤定是要好许多，而成年男子毛孔比较大。

顶级店员智慧

所有的聪明人，总是先看人的服装，然后再通过服装看到人的内心。

◎服饰

服饰是指衣服及其装饰，也就是广义上的服装。它包括衣服和装饰两个部分。服饰覆盖了人体近90%的面积，当我们还没有看清一个人的容貌，来不及揣测对方的心理状态的时候，大面积的服饰往往已经给我们重要的提示。

英国社会学家喀莱尔说过：“所有的聪明人，总是先看人的服装，然后再通过服装看到人的内心。”

下面以男人的服饰为例：

· 奔放的男人

他们很注重服装的颜色，他们由过去的蓝、黑、灰等颜色，转变为奔放、热烈的大红、大紫、枣红、铁锈红等鲜艳色彩。他们爱穿牛仔裤，喜欢穿着淳朴的粗线毛衣，配以传统绳缆图案，显得英气、豪迈。他们对新产品、新创意、新潮流、新玩意……容易接纳，他们是走在消费前列的有生力量。

· 随意的男人

在返璞归真的人文潮流影响下，他们远离奢华，追求简单舒适、朴素随和的休闲装。随意的男人，注重一种亲切感与休闲气息。他们对一些产品的选择大多追求轻松、自然的感觉。

· 优雅的男人

他们注重品位和涵养，是属于知识一族。优雅的男人，在着装上善于寻找一些点缀来体现优雅。比如，夹克内配上条领带，使活力中带一丝典雅。他们偏爱以浅米色、灰色为基调的套装，因为它透出一份优雅、庄重的气息。他们追求单纯情趣已成为时尚，并以款式简单、精练、色彩纯净和谐体现这一特点。

· 趣味的男人

裤子和服装，甚至领带上也有着许多有趣的图案。

顶级店员智慧

他们喜欢有趣的装饰，萝卜裤有一种诙谐幽默和古怪的意味，而且怪就怪在男人们穿上它都显得洒脱、明快、豁达。

◎语言

·大声讲话的顾客

性格明朗，讲话不虚假，人品正直。像这种顾客，领导力及责任感兼具，是值得信赖的人。他们一旦做出购买的决定，就不会轻易改变。

·小声讲话的顾客

多是不自信，要不然就是善于谋略，或许内心中早就有购买的决定，只是“欲擒故纵”。

喜欢窃窃私语的顾客是小心翼翼、神经质的性格，有某种秘密，口风密实，绝不流露真心的人。他们即使已经决定购买，也要假装一番。

讲话嗲声嗲气的顾客有双重人格的危机，善于编谎。明明没有的事情也要“乱说一通”，例如：“我前天去××商城，这产品打8折，还送礼品，可是你们却打9折，还什么都不送。”

讲话硬邦邦的顾客精神不安定，个性强，独裁权威的性格。不依照他的话做，就会高声斥责。例如：“我让你拿红色的那套衣服，你没听见？”

·讲话快速的顾客

反应快，但易怒。无意义的事、无关紧要的事唠叨不绝，一意孤行。

·讲话木讷的顾客

不善于讲话，但讲话给人诚实感，或因木讷之故，反而具有说服力，是能信赖的人。

·讲话不看对方的顾客

若不是害羞不敢看人，要不然就是不讲真话，所以不敢正视对方。

·以大手势讲话的顾客

表现力丰富，像演艺人员一般，拥有乐天大方的性格。但自信过剩，喜欢表现。

·经常打断他人讲话的顾客

易怒，反应快，容易因武断而造成判断错误，不能体贴对方，是轻率、自私的顾客。

◎站姿

每一位顾客都有自己习惯的站立姿势，不同的“站姿”往往可以显示出不同顾客的性格特征，店员根据顾客的性格特征就可以展开销售活动。

·站立时习惯把双手插入裤袋的顾客

城府较深，不轻易向人表露内心的情绪。性格偏于保守、内向。凡事步步为营，警觉性极高，不肯轻信别人。

·站立时常把双手置于臀部的顾客

自主心强，处事认真而绝不轻率，具有驾驭一切的魅力。他们最大的缺点是主观，性格表现固执、顽固。

·站立时喜欢把双手叠放于胸前的顾客

这种人性格坚强，不屈不挠，不轻易向困境压力低头。但是由于过分重视个人利益，与人交往经常摆出一副自我保护的防范姿态，拒人于千里之外，令人难以接近。

·站立时将双手握置于背后的顾客

性格特点是奉公守法，尊重权威，极富责任感，不过有时情绪不稳定，往往令人感觉莫测高深，最大的优点是富于耐性，而且能够接受新思想和新观点。

·站立时习惯把一只手插入裤袋，而另一只手放在身旁的顾客

性格复杂多变，有时会极易与人相处，推心置腹。有时则冷若冰霜，对人处处提防，为自己筑起一道防护网。

·站立时两手双握置于胸前的顾客

其性格表现为成竹在胸，对自己的所作所为充满成功感，虽然不至于睥睨一切，但却踌躇满志，信心十足。

·站立时双脚合并，双手垂置身旁的顾客

性格特点诚实可靠，循规蹈矩而且生性坚毅，不会向任何困难屈服低头。

·站立时不能静立，不断改变站立姿态的顾客

性格急躁，暴烈，身心经常处于紧张的状态，而且不断改变自己的思想观念。在生活方面喜欢接受新挑战，是一个典型的行动主义者。

◎行为

·摇头晃脑

这种顾客通常相当自信以至于唯我独尊，他们在社交场合很会表现自己，对事业的一往情深的精神常受人赞叹。

·边说边笑

与这种顾客在一起你会觉得很轻松愉快。他们大都性格开朗，对生活要求从不苛刻，很注意“知足常乐”，富有人情味，感情专一，对感情、友情特别珍惜。人缘较好，喜爱平静的生活。

·掰手指节

这种顾客通常精力旺盛，非常健谈，爱钻牛角尖。对产品很挑剔，如果是他喜欢的产品，他会不遗余力地得到。

·抖动脚

这种顾客通常自私，很少为他人考虑，凡事从自己出发，对别人很吝啬，对自己却很知足。但他们很善于思考，能提出一些意想不到的问题。

·拍打头部

这动作多数时候表示懊悔或者自我谴责。这种顾客不太注重感情，而且对人苛刻。他们一般心直口快，为人真诚，富有同情心，愿意帮助他人，但守不住秘密。

·摆弄饰物

多是女性顾客而且内向，不轻易使感情外露。这种人做事认真踏实。

·耸肩摊手

这种顾客大多热情诚恳，富有想像力。会创造生活也会享受生活，他们追求的最大幸福是生活在和睦、舒畅的环境中。

·抹嘴捏鼻

这种顾客大都喜欢作弄别人却敢做不敢当，爱哗众取宠。这种人最终是被人支配的人，别人要他做什么，他就可能做什么，购物时常拿不定主意。

★接触顾客的方式

·打招呼

要注意语气的“二轻”，即轻柔而不造作，轻声而不低沉。

我个人认为，打招呼是店员开展销售工作的第一个步骤，也是迎接顾客过程中最为关键的步骤。

通常情况下，一句面带微笑的“欢迎光临”是店员欢迎顾客最好的表达。其实，致欢迎词除了礼貌迎接顾客外，还可达到提醒其他店员有顾客来的目的。

打招呼其实也是店员主动迎接顾客的表现。主动相迎是很重要的，根据调查显示，约70%的顾客会因为感到服务格外冷淡而离店而去，即冷淡会使我们失去70%的顾客。

从顾客角度来说，顾客希望得到尊重和重视，因此他们期待我们主动提供服务。此外，主动相迎还可以明确表达我们为其服务的意愿，从而给顾客留下专业的印象。

目前，有很多店员在打招呼时喜欢用“请随便看看”来代替“欢迎光临”。殊不知这种“欢迎语”正好给顾客灌输了一种“看看就走”的潜意识，因为“随便看看”就是没有购买的打算，逛逛就走。

另外，如果是你熟悉的顾客，打招呼的方式则可以轻松一些，最好不要以一句简单的“欢迎光临”草草了事，而应以尊称致之，并给予恰当的赞美，这样可以让那些熟客有被重视和受欢迎的感觉。如：

· 张小姐，您好！
· 陈先生、陈太太，下午好！
· 孙姐，您今天打扮得好漂亮啊！

如果是在节日，我们还可以献上节日的祝福，比如先说：

· 新年好！
· 圣诞快乐！
· 然后再说“欢迎光临！”

◎**直接向顾客介绍他中意的商品**

有的顾客来到店里，直奔“主题”，就是来到他想购买的商品前。此时，店员要主动上前和顾客接触。积极主动地为顾客推介产品，这包括产品的全面介绍，例如款式、价格、促销政策……

◎**询问顾客的购买意愿**

有些顾客在选择产品的时候犹豫不决，此时要询问

顶级店员智慧

顾客的购买意愿。当顾客说出自己的需求时，这时店员要专业地介绍和推荐，以促成交易。例如一位顾客来到手表店，他想买一块劳力士手表送人，但在款式上他犹豫不决，此时，店员要充当顾客的参谋。

顶级店员智慧

生客看大三角；
熟客看倒三角；
不生不熟看小三角。

◎目光接触的技巧

有一个口诀是：

生客看大三角；
熟客看倒三角；
不生不熟看小三角。

与不熟悉的顾客打招呼时，眼睛要看他面部的大三角：即以肩为底线、头顶为顶点的大三角形。

与较熟悉的顾客打招呼时，眼睛要看着他面部的小三角：即以下巴为底线、额头为顶点的小三角形。

与很熟悉的顾客打招呼时，眼睛要看着他面部的倒三角形。

◎接待顾客要求感情投入

感情投入就能理解一切，作为店员要能设身处地为顾客着想。店员必须通过顾客的眼睛去观察和体会，这样，才能提供优质有效的服务。

当你遇到不同类型的顾客，你需要提供不同的服务方法。

·烦躁的顾客

烦躁的顾客一般情绪比较激动，此时，店员要有耐心，温和地与他交谈，稳定顾客的情绪，让顾客冷静下来。

·有依赖性的顾客

他们可能有点胆怯，有依赖性。你要态度温和，富于

顶级店员智慧

同情心，为他们着想，提些有益的建议，但别施加太大的压力。

·对产品不满意的顾客

他们持怀疑的态度。你对他们要坦率，有礼貌，保持自控能力。在这个时候，店员稍微不恰当言辞和态度都会激发顾客的情绪反应，所以，店员要谨慎细心，始终以良好的态度应对顾客。

·常识性顾客

他们有礼貌，有理智。你要用有效的方法待客，用友好的态度回报。店员要不停地问自己：如果我是这位顾客，我会需要什么？

◎揣摩顾客心理

你“看”顾客的时候，要揣摩顾客的心理。

顾客究竟希望得到什么样的服务？

顾客为什么希望得到这样的服务？

这是店员在观察顾客时要不断提醒自己的两个问题。

因为各种各样的原因会使顾客不愿意将自己的期望说出来，而是通过隐含的语言、身体动作等表达出来，这时，就需要及时揣摩顾客的心理。

心理学家做过的实验表明，人们视线相互接触的时间，通常占交往时间的30%-60%。如果超过60%，表示彼此对对方的兴趣可能大于交谈的话题；低于30%，表明对对方本人或话题没有兴趣。

视线接触的时间，除关系十分密切的人外，一般连续注视对方的时间在1-2秒钟内，而美国人习惯在1秒钟内。

★找出顾客需求

店员的服务应以能够让顾客获得最大满足为目标，不能仅希望把商品销售出去。由于顾客心理上的满足感来自于其内心需求的实现及其所带来的满足。

顾客的需求使其产生购买欲望进而促成购买动机的形成，在受到外界或内在因素的强化或刺激下，这种动机转变为购买行为，使需求得以实现，这是一个复杂的过程，店员要从顾客进入门店的那一刻起，尽一切力量了解顾客的需求，并设法满足其需求。

欧米茄（OMEGA）是手表业的佼佼者，在注重顾客的需求方面，欧米茄（OMEGA）的管理人员体会独特，欧米茄（OMEGA）认为，欧洲客人习惯坐下来倾听店员介绍表款，而亚洲客人则喜欢自己挑选产品，所以亚洲地区旗舰店的面积应该足够大、设计应该足够敞亮，才能让客人有舒适的购物感觉。

另外，欧洲客人青睐于有代表性的产品，钟情于经典款式并注重使用功能和广泛的搭配效果，而亚洲客人则愿意购买新颖、多变的款式，造型独特、色彩时尚的产品往往能令他们驻足，所以亚洲店面通常会备有多款货品。

让欧米茄（OMEGA）中国公司感触颇深的是，中国市场非常复杂，在某地销售良好的产品在另一个地方可能会滞销，例如畅销东北的皮带手表在气候潮湿的华南城市就无人问津，而在北京卖得不错的黑色表盘手表在喜爱秀美造型的江南就不太受欢迎。

任何店员要注重顾客的需求，这样才会针对性服务，最终产生事半功倍的效果。

有一天，一老太太走进一家水果店，问老板，“这个李子怎么样”？老板说，又大又甜，新鲜的。老太太什么都没买，又走到另外一家水果店问了同样的一句话，老板还是同样回答，老太太还是走了。就这样，老太太看了好几家水果店，最后还是什么都没买。其中一个水果店的老

顶级店员智慧

板很纳闷地问，我看你走了好几家水果店了，您到底想买点什么呢？老太太回答说："我儿媳妇怀孕了，想吃酸李子，所以我就出来看看有没有卖。"老板恍然大悟。

我们很多店员非常了解自己的产品、市场的情况，这本身是件好事，很多品牌连锁店招聘店员的时候，对产品的培训是必不可少的，所以在跟顾客沟通的时候，大部分都在谈自己的产品如何的好，如何的出色，忽略了顾客真正的需求。

店员是顾客与公司的中间人，很多店员只记得自己代表的是公司，却忘了自己其实也是顾客的顾问，所以，店员是满足顾客需求的，不是单纯的推销产品。

◎说出来的需求

例如，有些顾客说："我太太今天过生日"、"我想给我的妈妈买一件上衣"……

真正想购买商品的人，经过与店员交流后，发现店员诚实可信，就会如实地讲出自己的需求。此时，店员就要提出诚恳的建议满足顾客的购买意愿。

◎真正的需求

有些顾客在商品前挑来选去，不论店员怎样推介，顾客都无动于衷，这时，店员发现他对买衣服并赠送的"布娃娃"感兴趣。原来顾客是想买一个礼品送给自己的小孩，"布娃娃"才是顾客的真正需求。

◎没说出来的需求

顾客只是环顾门店里的商品，但并不说自己需要什么。可是顾客对一件工艺品驻足良久，看来顾客的购买意愿在那件工艺品上。

◎满足后令人高兴的需求

有时候，顾客购买商品纯粹是为了满足好奇心和成就

顶级店员智慧

正确的态度形成了店员在顾客心目中的第一印象。店员对顾客的态度就是顾客对店员的态度，你没有第二次机会给顾客第一印象。

感，一旦顾客买到了心仪已久的商品，那就会有一种满足感和成就感，随之带来内心的愉悦。

2 问——主动询问近顾客

★怎样接近顾客

当顾客还没有上门之前，店员应当耐心地等待时机。在等待阶段里，店员要随时做好迎接顾客的准备，不能松松垮垮，无精打采。正确的态度形成了店员在顾客心目中的第一印象。店员对顾客的态度就是顾客对店员的态度，你没有第二次机会给顾客第一印象。

店员要时刻保持良好的精神面貌，要坚守自己的固定位置，不能擅离岗位四处游走，不能交头接耳，聊天闲扯。

顾客进店之后，店员可以一边和顾客寒暄，一边和顾客接近，这一行动称之为“初接触”。良好的初接触是销售工作成功的一半。但是初接触，难就难在选择恰当时机，不让顾客觉得过于突兀。

正确的方法如下：

◎当顾客长时间凝视某一商品，若有所思时

我们都有逛商场的经历，当发现一款心仪已久的商品就会驻足观看，甚至上前抚摩细观，爱不释手。店员若发现此等顾客，就应该主动迎上探究顾客的真正购买意愿。

◎当顾客抬起头来的时候

当顾客俯身观察商品后，最后抬头四处观望，这个动作显然是寻求帮助。此时店员就要主动迎上，通过目光接触，或者点头示意顾客说出他的“问题”。

◎当顾客突然停下脚步时

顶级店员智慧

顾客在卖场中走马观花，突然停住脚步似有“新发现”，这个时候，店员可随着顾客的目光，看到顾客注意的“猎物”，此时店员就要马上迎上前去。

◎当顾客的眼睛在搜寻时

顾客的眼睛在搜寻，显然这样的顾客有所需求。此时店员应该主动迎上，询问其有什么可以帮助。顾客可能会说：“有××商品吗？”

◎当顾客与店员的眼光相碰时

顾客走到你旁边的商品时，给他一点时间浏览，然后找准切入的时机。在这个过程中，要把握分寸：太急，会令客人有压力；太慢，让客人受到怠慢。时刻调整心态，进入状态，要亲切、自然的微笑，干脆、利落的动作，柔和、正面的目光，还要包括大声、大方的问候，这一切就是为了给顾客一个良好的印象。

★主动询问的方式

以下都是属于接触性的询问：

· 请问喜欢哪一款呢？
· 请问有什么需要吗？
· 这边有新到的款式，可以过来看看？

以下都是属于深入式询问，

· 请问你是自己用还是送人呢？
· 请问你喜欢什么类型的款式？
· 你心目中有没有购买价位的预算呢？

在询问的过程中要注意发问的方式：开放式和封闭式。

顶级店员智慧

◎开放式

开放式提问——是指提出比较概括、广泛、范围较大的问题，对回答的内容限制不严格，给对方以充分自由发挥的余地。这样的提问比较宽松，不唐突，也很得体。特点：常用于访谈的开头，可缩短双方心理、感情距离，但由于松散和自由，难以深挖。

将问题问出来，顾客都可以回答。当然，这类问题的难度要小，大多数顾客都能回答得上来。开放式提问是最正确、应用最多的问话方式。

开放式问题，例如：

· 您如何评价周大福珠宝？
· 对未来的首饰有什么构想？
· 您为什么会对现有的首饰不满意呢？
· 您准备用什么方法来解决呢？
· 您最喜欢劳力士（ROLEX）品牌的哪些方面呢？

开放式问题是由下列关键词来提问的：什么、哪里、告诉、什么时候、怎样、为什么、谈谈……

开放式问题的好处：减少问问题的个数；引导顾客谈话，如“那您准备如何解决这个问题？”；获得更多信息，如“您刚才谈到耐用性很重要，具体是指什么？”

◎封闭式

店员：罗小姐，您使用了雅诗兰黛（ESTEELAUDER）的洁面乳，是不是感觉面部清爽了许多？

顾客：是的。

店员：罗小姐，您下周六休息吗？

顾客：休息。

店员：下周六，我们专卖店有促销活动，您可以试用我们的新产品。

顾客：好的。

对回答问题的对象和要回答的内容进行封闭，达到尽在掌握中的目的。

封闭式问题，例如：

·公司有多少人？

·您家里有几口人？

·您刚才是指……，对不对？

……

封闭式问题是由下列关键词来提问的：能不能、可不可以、是不是、会不会……

封闭式问题的好处：阻止顾客没完没了；明确顾客有某一具体需求，如“您希望能解决这个问题，是不是？”；澄清、确认，如“您指的是用××品牌，对吧？”

◎发问技巧

开放式问题和封闭式问题，在店员销售中所起的作用是不同的，在探询顾客需求阶段，你需要获得更多的信息，开放式问题一般来讲会多一些，不过，店员不能过度依赖开放式问题，最好是两者搭配使用，并形成逻辑。

·铺垫

当问一些敏感的问题时，例如：“您账上的存款是多少呢？”

对于这一类问题，顾客很可能会回避，所以，这要求店员在问之前，先讲一个铺垫。什么是前铺垫？铺垫就是先表明在顾客回答这个问题以后，他的利益在哪里。

例如：为了帮您找到最适合您的珠宝首饰，可否请问一下您购买珠宝首饰的预算大概有多少呢？当然，像类似这样的问题，顾客不配合的情况经常发生，除非店员与顾客已经建立了良好的关系。但不可否认，有这个铺垫，对顾客的影响是不同的，它毕竟让顾客看到了价值所在。

· 反问

这点尤其适合于当顾客问到一名店员并不太清楚的问题时，例如："你认为黄金首饰比珠宝首饰更具有收藏潜力吗？"

如果店员知道，则可以很专业地与他交流，但如果店员不知道，店员是不是就说：真对不起，这一点我不知道。这样的话，店员的专业形象将会受到影响。

所以，遇到这类情况，店员不妨反问对方："听您这样讲，我想您对这一方面肯定有很深的研究，您认为会是什么呢？"

类似这样的情况，在销售中很普遍。我再举个例子，当顾客问你："它能达到什么效果？"如果这个效果你并不能很清楚，你可问："×太太，我知道您对效果很关心，那您希望达到一个什么效果？"这就像是在打太极，有时候店员需要圆滑些。

· 纵深提问

店员可利用顾客提到的问题，来往深处问，深挖他的需求和内心真正的想法。

例如，顾客说："我喜欢兰蔻（LANCOME）的牌子。"

店员可以问："我知道您喜欢兰蔻（LANCOME）的牌子，它确实不错，那您喜欢它的什么方面呢？"

· 不要关闭开放式提问

不知你有没有这样的经验，本来你问了一个很好的开放式问题，你正在等待回答，而这时顾客的回答可能对你很有帮助，但你却急不可待地问了一个封闭式问题，又把顾客的嘴给封上了。

我们来看一个例子：“×小姐，您喜欢哪个品牌？”这个问题可以使店员知道顾客考虑的重点与店员的服务的相关性，以帮助店员确定下一步如何进行。

但在这个时候，顾客还没有回答，店员紧接着又问：“是兰蔻（LANCOME）品牌还是迪奥（DIOR）品牌？”这就像是本来店员已经把门打开，而顾客也准备进来了，结果店员又把门给关上了。

★巧妙利用开场白

好的开始是成功的一半，开场白的好坏，几乎可以决定销售的成败。我们拿“打招呼”来说，例如：

·您好！欢迎光临某某珠宝！

·上午好！（下午好）欢迎光临！

·您好！请随便看看！

·您好先生（小姐）！有什么我可以帮你的吗？

·小姐！您的衣服好漂亮啊！

·您好！您的发型做得好漂亮啊，在哪里做的啊？我可以仔细看看吗？

·您好！您带的这件首饰好特别啊！

·您好！外面天气很热吧，您先到空调这边凉快一下吧，我给您倒杯水！

·您好！您想看一下哪类首饰啊？

·您好！您想给自己选，还是送人啊？

·您好！您的包款式好漂亮啊！是在哪里买的啊？

·您好！您的小孩好可爱啊！

顶级店员智慧

好的开始是成功的一半。

顶级店员智慧

·先生：需要我帮忙吗？……

以下是九种经典的开场白，在实际运用中不断练习，一定会打动客户的“芳心”。

◎问句开场白

“在您太太过生日的时候，送上她最喜欢的珠宝首饰，无疑是对她最好的祝福，您说是吗？”

“如果这款项链会大大提升您的自信，您会感兴趣看一看吗？”

◎建立期待心理的开场白

“你一定非常喜欢我给你看的百达翡丽（PATEKPHILIPPE）女表！”

“我们的珠宝首饰会让你更加自信而有魅力。”

◎假设问句开场白

“如果我能证明这一款首饰真的适合您，您是不是会有兴趣购买一款呢？”

“假如我有一款珠宝首饰能让您取得您太太的欢心，您愿不愿意花几百块钱来买这件礼物呢？”

◎以赞美作为开场白

“您戴上这款首饰，真的容光焕发，真是太漂亮了。”

“路易·威登（LOUISVUITTON）的服装，给人的感觉就是与众不同。”

“您戴上周大福的钻戒，确实更显高贵脱俗。”

◎以感激作为开场白

“李先生，很感谢您来帮我。”

“李太太，真的很感谢您一直支持我的工作。”

◎以帮助作为开场白

“李先生，我在这个行业工作了10年，相信我会给您

顶级店员智慧

最好的建议和帮助。”

“李太太，我确信您在使用了我们雅诗兰黛（ESTEELAUDER）的化妆品，绝对让您更加年轻而富有活力。”

◎激发兴趣的开场白

“我只占用你2分钟的时间来向您介绍这款首饰，当您听完后，您完全可以自行判断这款首饰适不适合您。”

◎令人印象深刻的开场白

“我们是一家专业从事珠宝生产、销售的公司，很多国内国际的影视明星购买了我们的产品，我们的品牌力来源于我们对服务的完美追求。”

◎引起注意的开场白

“你有没有看过一种在黑夜里发光的珠宝？”一位店员问，然后引导顾客在暗室中观看珠宝，以此引起客户极大的兴趣。

3　推——介绍商品巧推介

作为品牌专卖店的店员，应该学会察言观色、审时度势，以灵活的技巧，在影响消费者的购买心理和购买动机中周旋，推动生意向取得成功的方向发展。

要多观察来往于店中的客人。通过观察顾客的外貌与服饰，可以获得进店顾客的很多信息，帮助店员了解顾客类型的初步印象，及购买倾向。当然不是过分主观地以貌取人。

★听比说重要

要善于听顾客说话。有些店员自以为不停地向顾客推介，不停地向顾客灌输珠宝、服装、手表、化妆品的知识，不停地介绍本店，就会使客人认识本店，相信本人，认同本店的产品，才能做成生意。其实，这就大错而特错了。

中国有句古话叫做“言多必失”，成功的店员都知道，说固然重要，但要懂得该说什么、什么时候说，最重要的是要搞清楚顾客需要什么。因此，多听顾客说话以了解顾客的需求是最为重要的。

尽量让顾客多说话，有助于了解客人的购买意图和疑问，通过适当的调整推销策略，才能尽快清除购买的障碍。

★推销就是发问

好的推销，就是发问的过程，让顾客回答他喜欢的问题，这样会令推销事半功倍。

如果店员总是喋喋不休，可能会让顾客失去兴趣，听着自己不感兴趣的东西，很容易令人厌烦，产生尽快离开的强烈愿望。而有机会参与讨论的顾客，才更容易保持兴趣。

若顾客将自己想说的问题藏在心里，也根本注意不到你在说什么，这就等于沟通的渠道在逐渐关闭，生意肯定会失败。

鼓励顾客参加讨论，让其发表见解和疑问，往往可让顾客在交谈中通过店员的解释排除自己的疑虑，令其逐步确信自己做出的购买决定是正确的。

让顾客说话的另一好处是使人感到你没有向他施加压力，他们会觉得你是在尽力了解他们的疑难，以便向他们提供真正有效的服务，这样做既可以增强客人对你的信任，又可以解除他们对你的紧张情绪。

善于听取顾客的意见并不是单纯地让店员闭口不言，

顶级店员智慧

好的推销，就是发问的过程，让顾客回答他喜欢的问题，这样会令推销事半功倍。

你必须让顾客知道你在认真地听他讲话，通过面部表情如微笑、点头等方式回应顾客，并适时地用语言引导顾客的思维，使交谈逐步向有利于成功销售的方向发展，使顾客最终做出购买决策，千万不可失去对局势的控制，错失成交的良机。

★专业词语的运用

在货品推介过程中，适当地使用一些专业词语是十分必要的，如净度、色级、颜色、水头等，一方面会激发顾客的兴趣，另一方面，让顾客觉得你很专业，使顾客对你产生信任感和依赖感。如果是这样，你的交易已经成功了一半。借助仪器和产品说明卡，你可以向顾客讲解一些专业的知识，通过佩戴展示，说明款式、造型的美观。

在向顾客介绍时，要遵循的一条原则是：避免过早地提出或讨论价格问题。不论贵店的价格多么合理，只要顾客想买，他就要为这件首饰付出一定的经济牺牲。正是由于这一原因，起码应在顾客对首饰的价值有所认识的基础上，你才能与顾客讨论价格的问题。

如果在此之前就与顾客讨论价格问题，那就可能打消顾客购买的念头。就如我们常说的，钻石也是一种石头，本身的性能、特性常难以激起顾客的购买欲望。

顾客购买钻石都是感情方面的，从感情方面激起顾客的购买欲望，这种欲望越强烈，顾客对价格问题就考虑得越少。

经过你耐心、细致的介绍，现在，顾客已接受你的推荐，准备购买你为他推荐的首饰，这时你要注意的是进一步巩固顾客的购买信心，例如所有产品均由专业珠宝检测机构检测、由制作工艺精良的首饰厂制作。然后向顾客说明镶嵌加工的工艺情况：

顶级店员智慧

让顾客觉得你很专业，使顾客对你产生信任感和依赖感。如果是这样，你的交易已经成功了一半。

顶级店员智慧

A. **外形检测**：首先告诉顾客戒指的颜色纯正，表面镀层均匀、光泽度高。

B. **造型质量**：请顾客观察戒指的工艺质量，钻石镶嵌牢固，各镶齿均匀、精巧，表面光滑，用手触摸，表面平滑，无细小的毛刺。

例如，根据你对顾客的了解和柜台内存货的情况，你欲向顾客推荐一颗颜色、切工上乘、净度为SI的钻石，你会采用什么方法？

“这颗钻石的颜色为白，你看它晶莹剔透，闪闪生辉，这是由于不仅其颜色上乘，而且切工优良，每个刻面都经过精心琢磨，它们不仅表面光滑、平整，而且每个刻面都有一个互相对称刻面，大小、角度都很精确，尽管其净度级别不是很高，但也属肉眼下无瑕的钻石，这颗钻石克拉数达31分，这种30分以上的钻石戴在手上会有比较好的火彩。”

你也许会说：“世界上没有绝对十全十美的天然钻石，绝大多数天然钻石都为肉眼下无瑕的净度级别，极少数为放大镜下无瑕级的。”或者“像这类肉眼下无瑕的天然钻石，其内部特征不会影响钻石的光泽与火彩，更不会影响钻石的耐久度，这种内部特征恰恰使这颗钻石独特而与众不同，它也是真正天然钻石的标志。”

如果顾客对货品的知识感兴趣，在必要时可结合4C图解，令顾客相信不同货品的价格是合理的，有章可循的。但在运用这些资料时应点到为止，做到既能使顾客感到满意，又能对达成交易有帮助。

★FAB法则

在销售过程中，介绍商品需要遵循FAB法则。

用FAB法则介绍商品有两个好处：

首先，能让顾客听懂商品介绍。

其次，给顾客真实可靠的感觉。

手表店员向顾客介绍说：“我们这种手表省电，大约三年只需一块电池，而×牌子的手表一年就要更换一次。”

这种为了抬高自己商品的优势，而贬低别人的做法往往会激发顾客的抵触情绪，顾客会说：“但是你的手表价格比他的要贵很多。”

这样使顾客在销售的过程中产生一种敌对情绪，销售变成了辩论。这种店员和顾客之间互相说服的过程，不是一个良好的销售氛围。

FAB法则在销售过程中应该理解为属性、好处、利益，并且要按照这样的顺序进行。

店员对FAB法则的使用：

“小姐您看一下，我们这款玛瑙手镯是血红色的。”血红色是手镯的属性，是一个客观现实，即“F”。

“小姐您戴上试试，它非常艳丽。”艳丽是手镯的某项作用，就是“A”。

“您戴上去是不是非常漂亮？”漂亮是带给顾客的利益，即“B”。

将这三句话连起来，“小姐您看一下，我们这款玛瑙手镯是血红色的，您戴上它非常艳丽并使您更加漂亮。”使顾客听起来会产生顺理成章的反应。

汽车店员说：“您看我们这款汽车有12缸的发动机，

顶级店员智慧

抬高自己商品的优势，而贬低别人的做法往往会激发顾客的抵触情绪。

百公里加速只用6秒。”

12缸的发动机是这款汽车所包含的一个属性，它的作用是百公里加速只用6秒钟的时间，给顾客带来的好处就是省时。

但是如果没有按FAB的法则，有顺序地介绍，顾客就不可能听懂。

汽车店员说：“先生我们这款车非常的省时，百公里加速只有6秒，有12缸的发动机。”

对这样的说法顾客听起来就不会有深刻的印象。

★良好的知识

一名成功的店员要具备全面的知识结构，这包括公司知识、产品知识、营销知识、礼仪知识。如图：

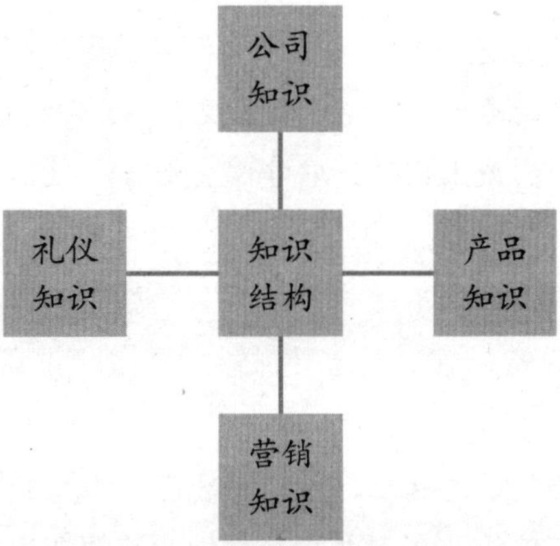

【图】知识结构

◎公司知识

这包括：产品线及其长度、深度和宽度；公司文化、历史和愿景。

很多时候，顾客会被公司的历史和文化感动，从而购买其产品。另外，店员如果能从产品的研发角度，站在顾客的立场讲解产品，并时刻强调公司所销售的产品都是为顾客所设计，这样就会得到顾客的更多支持。

例如，店员在介绍江诗丹顿（VACHER ON CONSTANTIN）手表时，可以这样说：“它是全球历史最久的钟表制造商，创始人Jean-Marc Vacherton于1755年创造了第一只手表。他学识渊博，技艺精湛，是钟表业一代宗师。江诗丹顿以追求完美工艺闻名全球，擅长复杂机械表的制造。”

◎产品知识

对每一种产品的性能、特点、操作演示和维护十分熟悉；对与公司和产品相关的商业政策应了解和控制。

由于多数顾客对于珠宝知识缺乏了解，因此，店员对珠宝首饰的展示十分重要。许多店员在顾客提出拿某件首饰时，便机械地打开柜台，拿出后便递交顾客，个别的夸一下款式。

其实当你开始拿出钻石首饰时，首先应描述钻石的切工，而且要用手不停地摆动钻饰，手动口也动，把该描述的话基本说完再给顾客，这样顾客很可能会模仿你的动作去观察钻石，并且会问什么是“比利时切工”，什么是“火”……店员便可进行解答，这样的一问一答，是店员展示珠宝饰品的技巧，不要只是局限在自己的描述中，这样容易产生枯燥无味的感觉。

在顾客挑选款式出现挑花眼的情况时，店员应及时推荐两件款式反差较大，且顾客选择观察时间较长的饰品，应重新描述二者款式所代表的风格。这样容易锁定和缩小顾客选择的风格和范围。

◎营销知识

怎么样做品牌推广活动。

这里指的是作为店员必须清楚公司举行推广、促销活动针对的顾客定位、优惠措施、活动目的等，以便更加利于销售、宣传品牌。对一名店员来说，能掌握必要的营销知识，会能更好地为顾客提供超值服务。

◎公关礼仪知识

怎么样与人沟通，怎么样展示自身形象。

例如店员的外形：发型、服装整洁、略化淡妆。

应持有的态度：站立端正、友善的微笑、热忱诚恳、有耐心、语调温婉、轻快、清晰。

★介绍货品的模式

说明（介绍）—展示（道具）—说明（对比）—体验（感情）

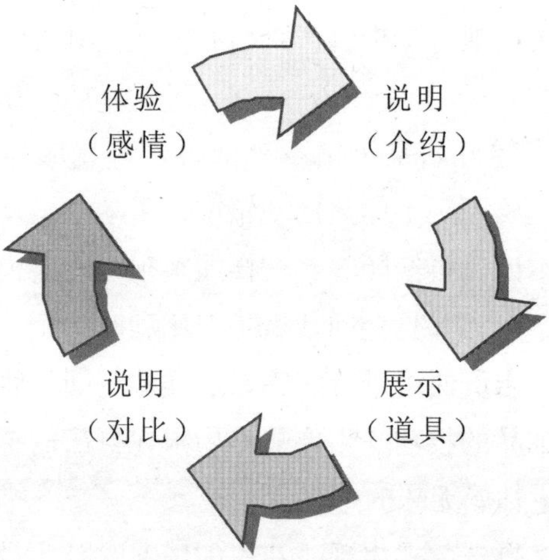

【图】介绍货品的模式

◎**说明（介绍）**

介绍产品要清楚明了，如能发现顾客关心的产品的功能，这时店员要针对性介绍，若在产品的价格上说个不停，这会使顾客产生厌烦心理。如何介绍，可以参考FAB法则。

◎**展示（道具）**

有位太太走进一家化妆品店对店主说：这些有什么用处？

店主回头叫另一位年轻的女子：妈，你出来一下，让她看看你的皮肤！

事实胜于雄辩，让产品的代言人、使用者来展示产品的功效胜于千言万语。

◎**说明（对比）**

拿一种产品的反面教材对比自己产品的优势，是最有说服力的。安利的销售人员最擅长此道，他们在推销自己的洁面乳，经常用一种自己的产品试做顾客的半边脸，之后用另一品牌产品试做另一半脸，让顾客感受他们产品的优势。

◎**体验（感情）**

有时候，许多店员是产品的使用者和受益者，当顾客询问某种产品的功效时，他们可以分享出很多心得，这为顾客带来价值，从而购买。

★鼓励试用

展示效果比不上客人的佩戴效果。

在一些首饰店里，店员经常鼓励顾客戴上她们喜欢的首饰。这样可以直接给顾客带来切身体验，从而购买。

店员可以经常说：“买不买没关系，试试看效果怎

顶级店员智慧

展示效果比不上客人的佩戴效果。

样。”这样的说话方式，减少了顾客的心理负担，在顾客试戴时，可以专业的进行指导、帮助客人试戴。

◎此时，可以同步进行以下环节

· 和客人一起讨论、交流效果。
· 边试边介绍边调整思路。
· 说话的距离要保持在一个手臂的长度。
· 说话的节奏要不紧不慢，和顾客要有来有往。

◎在介绍商品时最容易犯的错误

· 对顾客说“不”。
· 行为及说话漫不经心。
· 常使用专业术语。
· 强硬推销。
· 驳斥顾客。
· 销售过程令顾客觉得没趣。
· 只是说“好”，除了好还是好，没有具体内容。
· 介绍时和同事闲扯。
· 自曝己短。
· 负面的身体语言。
· 靠着柜台、撑着下巴。
· 语气拖拉、叹词不断。

4 听——异议处理用心听

处理各类异议的基本对策是：仔细分析、及时应对、对症下药。如图：

顶级店员智慧

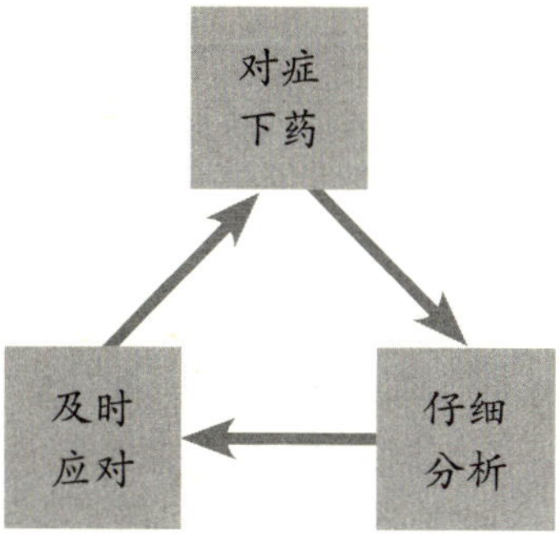

【图】处理各类异议对策

· 仔细分析

仔细分析顾客的异议，是价格问题、还是产品的问题。

· 及时应对

例如，有顾客说："这产品是假的。"这时店员就必须及时应对，并找出足够的证据来消除顾客的疑虑。

· 对症下药

顾客的异议必须要对症下药，例如，顾客关心价格问题，此时，店员要拿出证据来证明"物超所值"。

★围绕需求的异议

这类异议的主要特征就是：顾客明确表明自己没有需求。

很多顾客对任何销售活动都会以"自己没有需求"加以拒绝，这类异议是销售活动中最普遍的。

例如"我根本不喜欢这款产品"。

表面上看，这很简单，没有需求，就应该放弃，但事实上，不尽如此，店员应该做出有效判断，一般可能有以下枚举：

·顾客确实没有需求

无论从语言上还是从情境上判断，都表明顾客没有需求，这就应该放弃。

·顾客没有意识到自己的需求

事实上，产品确实会给顾客带来利益，但是顾客认识并不充分，这很有努力的必要；比如“我所有的首饰都是黄金的，从来不知道佩戴翡翠首饰有什么意义（玛瑙首饰有保健的功效）”，这个时候，引导和刺激需求是必要的。

·产品与顾客的需求没有很好的迎合

比如重量、款式外观，顾客发现店员所提供的产品样式中并没有她真正需要的。

·一种明显的拒绝方式

“没有需求”往往是顾客拒绝店员的最好借口，以防止店员再进行下去或者中断沟通，这说明局面并没有真正打开。

◎假异议

几乎针对所有的方面，顾客都可能提出假异议，声东击西，这时要及时把握顾客的异议动机。顾客实际上有需求，但提出“没有需求”的异议，实际上是想加重自己在利益谈判中的筹码：“本来我不想要的，如果你硬要塞给我，就必须优惠得更多”。这是很多顾客对付店员的一贯策略。

面对这个异议，需要注意：死缠烂打是不可取的，轻易放弃则是愚蠢的。

★围绕产品的异议

这类异议的明显特征是围绕产品展开的。

处理产品异议的基本对策：突出自己产品的优势，并说服顾客。其实，很多异议，如果准备充分，是难不倒店员的。

产品再完美，也会有缺陷，唯有服务可弥补。

产品方面的异议很多，有时防不胜防，一般情况下：

· 产品功能异议

顾客对产品功能提出不同甚至相反的意见，比如："治疗心脏病，哪里有那么灵？"

产生这种异议的原因很复杂，可能是对行业方面的问题不了解，还有可能是店员在前面的说服展示工作没有做到家。

· 对相关技术的异议

比如对技术的先进性、工艺的可靠性等提出不同看法。

· 对产品形成过程的异议

诸如使用的原材料、生产环境、卫生标准等异议。

· 产品质量异议

顾客对产品的质量提出不信任甚至反对意见，比如："我邻居就买了这样的产品，简直糟透了。"

· 对产品的不了解产生异议

比如新产品、新顾客，对产品不了解，不信任，提出异议是理所当然的。

★围绕公司和竞争对手的异议

这种异议，一般是针对公司或者竞争对手的，很多时候还会造成尴尬局面。一般有：

· 对公司的不了解

比如"我还没有听说过你们公司，更不用说打交道了"。

· 对公司的不信任

顶级店员智慧

产品再完美，也会有缺陷，唯有服务可弥补。

顶级店员智慧

时刻把自己最好的一面展现给顾客。

“我们几乎不购买小公司的产品。”

·对公司的偏见

有些顾客对一些地域的公司有偏见，能不打交道就最好不打交道，特别是当店员所在的公司曾经有过一些让人不放心的事件，这种异议就很难避免。“不要像XXX公司，卖出的产品坑害顾客”。

以上异议中提到的问题，多半不是业务层面造成的（很多与公司经营有关），比较妥当的措施建议是：有效避开其他公司的优势展示自己（就是不要去跟大公司比品牌、比质量），比如更细致的服务、更优惠的成交条件等，争取在一点一滴上打开局面。

★围绕店员的异议

时刻把自己最好的一面展现给顾客。

顾客围绕店员和店员的工作直接或者间接提出异议，顾客可能不会拒绝某种商品或者服务，但是他拒绝某个具体的店员。碰到这种异议，店员往往十分尴尬叫苦不迭，其实，除非顾客有意非难，多半原因还是出自自身。一般可能的情况：

·顾客的偏见

顾客对店员特定的容貌长相、语言行动持反对态度，不喜欢某个类型的店员，比如，有的顾客不喜欢喋喋不休的人、有的不喜欢过于主动的店员、有的不喜欢上门销售的店员。

·店员采用了不适合的销售说服方式

店员也许在很多方面了解了顾客，但可能忽略了一点：没有找到与顾客的适合沟通方式。

·店员工作的失误

比如不考虑顾客的处境和感觉、不真诚考虑顾客的需

顶级店员智慧

求和利益，而急功近利地追求销售和达成交易；或者店员有过违约行为、有过伤害顾客利益的行为、有过不履承诺的行为。

·店员的语言和行动让顾客不信任和产生担心

比如一些店员海阔天空、牛皮哄哄、自吹自擂，这是非常愚蠢的行为。

·对店员的反感

在社会道德、执业操守、顾客责任、文明礼貌等方面，顾客反感店员的表现。这种异议本不应该出现，也绝不能轻视，可以说，店员的基本素质有问题。

·店员的工作质量欠缺

比如反应迟钝、缺乏效率、表达含糊、缺乏有效沟通的能力、缺乏主动、缺乏善解人意和热情、不能在顾客容忍的时间和范围内提出让顾客满意的方案等等。

这类异议，问题多半是由于店员自己造成的，除了日积月累的修炼以外，临场的表现也很重要。

★围绕交易过程的异议

这种异议往往是一种好的征兆。顾客围绕交易过程甚至交易细节提出不同的看法和意见，店员应该及时有效处理。

·围绕交货

诸如交货期、交货地点、批量、特殊要求的满足等。“我上次订你们的鲜花，你们足足晚了半个小时才送到”。

·围绕价格

顾客对价格提出不同看法或者反对意见非常正常，也是店员面临的最棘手的问题，有时候，顾客会认为产品值不了那么多钱、有时候往往会认为性价比太低、有时候顾客明显带着自己的主观愿望、有时候顾客会习惯的按照一定比例要求降价（比如很多商场顾客砍价的习惯就是50%），这些问题都要店员一一面对和应付。

·围绕结算

顾客对付款结算提出不同的意见，例如“你们只能现金结算，太不方便了！”

★异议处理法

顾客的异议是多种多样的，处理的方法也千差万别，必须因时、因地、因人、因事而采取不同的方法。在销售过程中，常见的处理顾客异议的方法有以下几种：

◎转折处理法

顾客提出店员销售的服装颜色过时了，店员不妨这样回答：

“小姐，您的记忆力的确很好，这种颜色几年前已经流行过了。我想您是知道的，服装的潮流是轮回的，如今又有了这种颜色回潮的迹象。另外这种颜色的面料和款式是今年最流行的。”这样就轻松地反驳了顾客的意见。

◎以优补劣法

以优补劣法，又叫补偿法。如果顾客的反对意见的确切中了产品或公司所提供的服务中的缺陷，千万不可以回避或直接否定。

明智的方法是肯定有关缺点，然后淡化处理，利用产品的优点来补偿甚至抵消这些缺点。这样有利于使顾客的心理达到一定程度的平衡，有利于使顾客作出购买决策。

当销售的产品质量确实有些问题，而顾客恰恰提出：“这东西质量不好。”店员可以从容地告诉他：“这种产品的质量的确有问题，所以我们才削价处理。不但价格优惠很多，而且公司还确保这种产品的质量不会影响您的使

顶级店员智慧

用效果。”

这样一来，既打消了顾客的疑虑，又以价格优势激励顾客购买。这种方法侧重于心理上对顾客的补偿，以便使顾客获得心理平衡感。

◎合并意见法

合并意见法，是将顾客的几种意见汇总成一个意见，或者把顾客的反对意见集中在一个时间讨论。总之，是要起到削弱反对意见对顾客所产生的影响。但要注意不要在一个反对意见上纠缠不清，因为人们的思维有连带性，往往会由一个意见派生出许多反对意见。

摆脱的办法是在回答了顾客的反对意见后马上把话题转移开。

◎反驳法

反驳法，是指店员根据事实直接否定顾客异议的处理方法。理论上讲，这种方法应该尽量避免。直接反驳对方容易使气氛僵化而不友好，使顾客产生敌对心理，不利于顾客接纳店员的意见。

但如果顾客的反对意见是产生于对产品的误解，而你手头上的资料可以帮助你说明问题时，你不妨直言不讳。但要注意态度一定要友好而温和，最好是引经据典，这样才有说服力，同时又可以让顾客感到你的信心，从而增强顾客对产品的信心。

反驳法也有不足之处，这种方法容易增加顾客的心理压力，弄不好会伤害顾客的自尊心和自信心，不利于销售成交。

◎冷处理法

对于顾客一些不影响成交的反对意见，店员最好不要反驳，采用不理睬的方法是最佳的。千万不能顾客一有反对意见，就反驳或以其他方法处理，那样就会给顾客造成你总在挑他毛病的印象。

当顾客抱怨你的公司或同行时，对于这类无关成交的问题，都不予理睬，转而谈你要说的问题。

顾客说："啊，你原来是××品牌连锁店的员工，你们品牌连锁店周围的环境可真差，交通也不方便呀！"尽管事实未必如此，也不要争辩。你可以说："先生，请您看看产品……"

国外的销售专家认为，在实际销售过程中80%的反对意见都应该冷处理。但这种方法也存在不足，不理睬顾客的反对意见，会引起某些顾客的注意，使顾客产生反感。且有些反对意见与顾客购买关系重大，店员把握不准，不予理睬，有碍成交，甚至失去销售机会。因此，利用这种方法时必须谨慎。

5 诚——成功交易诚送客

★成交法

我们发现成交是有方法可循的，促成交易一般来说有以下四种方法。如图：

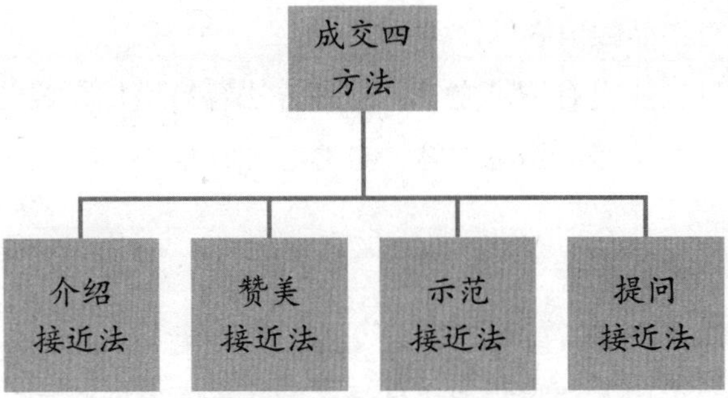

【图】成交四方法

顶级店员智慧

◎**提问接近法**

·信息层提问

用来收集准顾客的一些基本信息，目的是对准顾客作一个初步了解，从而判断对方是否是我们的目标顾客。如“什么样的价位比较合适您”等等。

·问题层提问

用来询问目标顾客在开展某项工作时遇到哪些问题，或者通过提问与顾客一起去发现潜在的问题，目的是用来判断顾客是否有相关需求或者激发顾客的潜在需求。

·影响层提问

针对顾客在日常工作中遇到的某些问题，这些问题对顾客工作造成了哪些影响的提问，目的是用来进一步突出问题，扩大和强化顾客的需求。

·解决层提问

针对顾客目前存在的问题，提出解决方案的提问。目的是解决顾客问题，满足顾客需求。如“针对目前的这个问题，您打算怎样处理？”

◎**介绍接近法**

所谓介绍接近法，是指店员自行介绍，或经由第三者介绍而去接近目标顾客的一种方法。在这种方式下，店员应当保证他所使用的介绍方式不但有趣，而且能自然地过渡到展示过程。

这种接近方式一旦搞砸了，那么，无论如何也不能使展示再进行下去了。对于一个好的自我介绍式接近而言，友好并面带微笑地问候是一个关键性的开端。

·自我介绍法

所谓自我介绍，就是走近准顾客亮明自己的身份，进而介绍公司产品的一种方法。

无数的事实表明：在接触之初，店员做的绝大部分自我介绍都是没有价值的，可能顾客根本不去记他们的名字，只有在建议内容令他感兴趣之后，才重新查问店员叫什么名字。

在开展业务过程中，店员最好是在顺利地接近了可能顾客之后，再做自我介绍，或在可能顾客已经决定要了解产品详情时，才应当做些适当的自我介绍。

事实上，有些顾客根本就不注意店员的自我介绍，而只关心店员的行动。如果顾客毫无买意，店员就完全不必进行自我介绍。

可见，在开发顾客过程中，店员应选择适当时机进行介绍。在使用介绍接近法时，应同时并用其他接近方法，才能顺利地接近顾客。

·他人介绍法

所谓他人介绍，就是利用与顾客十分熟悉的第三者，通过写信、打电话、或当面介绍来接近顾客的方法。他人介绍接近法的主要方式是信函介绍、电话介绍、当面介绍等。

一般说来，介绍人与顾客之间的关系越密切，介绍的作用就越大，店员也就越容易达到接近的目的。因此，店员应设法摸清并打进顾客的接近圈，尽量争取有影响力的中心人士的介绍和推荐。

·实体介绍法

所谓实体介绍，就是直接将产品实体摆在顾客面前，使顾客对产品产生极大的兴趣，从而让产品作无声介绍的一种方法。

用产品实体开路的方法很简单，只需将产品塞进可能顾客的手里即可。这一方法最适合于销售那些显得十分独特的产品，因为这种产品很容易吸引人的目光和诱发人的询问。

人们喜欢操作和检查产品，喜欢亲手操纵，喜欢分解和组装。用产品实体开路的方法就是利用人的这种欲望而产生的效果。

◎赞美接近法

即以“赞美”的方式对顾客的外表、气质等进行赞美，接近顾客。俗话说：良言一句三冬暖，好话永远听不厌。通常来说赞美得当，顾客一般都会表示友好，并乐意与你交流。

店员可以这样说：

· 您的鞋子很特别，在哪里买的？
· 您今天真精神。
· 小朋友，长得好可爱！（带小孩的顾客）

◎示范接近法

利用产品示范展示产品的功效，并结合一定的语言介绍，来帮助顾客了解产品，认识产品。最好的示范就是让顾客来试用。

有数据表明，68%的顾客试用后会成交。

以服装店为例，试用时注意事项：

· 主动为顾客解开试穿服饰的扣子、拉链等。
· 引导顾客到试衣间外，静候顾客试衣。
· 顾客走出试衣间时，为其整理。
· 评价试穿效果要诚恳，可略带夸张之辞，赞美之辞。

无论采取何种方式接近顾客和介绍产品，店员必须注意以下几点：

顶级店员智慧

·顾客的表情和反应，察言观色。

·提问要谨慎，切忌涉及到个人隐私。

·与顾客交流的距离，不宜过近也不宜过远，保持的距离是肩内侧一米左右。

★讨价还价

一天，王先生跟王太太在一家古董店看到一个清朝时候的瓷器，听说慈禧太后用过的，非常漂亮。他们俩先后来了好几次，但都没敢下手买下，因为标价是10万，王太太跟王先生说："要是5万块能卖就好了"，你试试看能否把价格杀下来。

王先生鼓起勇气，神情庄严地走到店员面前说："小姐，我看了你那个瓷器，你们也摆在那很久了，你看这样吧，我出4万5，就卖给我了吧。"那个店员眼睛眨都不眨说："好的，卖给你了。"你猜怎么着？这两口子会高兴吗？王先生的脸色大变，忽然觉得这瓷器怎么轻了很多，好像不是慈禧的御用。

怀疑归怀疑，他们俩非常不情愿地付了钱，满怀疑虑地带着东西回到了家，把瓷器放在大厅，看上去很不错，但这两口子的心里非常不爽，这东西好像不是清朝的，那家伙怎么这么便宜就卖了，是不是有问题？

日常生活中我们经常去买服装，一天，你到一家店里去买衣服，看到一件上衣，自己很满意，标价是1800块，我们中国人都喜欢讨价还价的，这个时候杀价已成为自然而然的事，如这时你问那个卖衣服的小妹，说："小姐，这件上衣，800块我就买。"那个小妹也像上面说的那个店员一样，眼睛眨都不眨一下回答你说："好，卖给你吧，那边去交钱。"

你会怎么样？“上当了，应该多杀点，这衣服也就值400块”，你就趁着付款的时间逃之夭夭。我们换个位置再思考一下，如你是卖衣服的那个小妹，顾客眼睛眨都不眨一下就买下来，你也会想：“哟，真可惜，早知道我就报高点！”

讨价还价是商业交易中一种普遍存在的现象，也是一种市场不成熟的表现，价格策略是珠宝公司市场营销策略的一部分，是珠宝店员不能左右的。店员的职责就是忠实地执行公司的价格策略，用自己的智慧让顾客接受公司的价格策略。这时店员是在打一场心理战，如何用自己的语言去影响顾客的思维。

下面这些话是值得借鉴的：

· 淡化价格问题，多强调情感问题。

· 强调工艺的精湛和款式的独一无二。

· 如果公司品牌是知名品牌，可以强调品牌的价值，让顾客感受佩戴品牌货品带来的荣誉与自豪。

· 强调售后服务的保障。

· 馈赠礼品也是促进成交的一种好方式，不管礼品的轻重，哪怕是一张纸，顾客也会感到这是一种额外的收获。

★成功交易的时机

掌握好时间，才能争取到机会。

当顾客对商品和店员产生信任后，就会决定促成购买行为。但有的顾客还是有一些顾虑，又不好向店员说明，这就需要店员做进一步的说明和服务工作。

当出现下列情况时，成交的时机就出现了：

顶级店员智慧

店员的职责就是忠实地执行公司的价格策略，用自己的智慧让顾客接受公司的价格策略。

掌握好时间，才能争取到机会。

顶级店员智慧

· 顾客突然不再发问时。
· 顾客话题集中在某个商品上时。
· 顾客不讲话而若有所思时。
· 顾客不断点头时。
· 顾客开始注意价钱时。
· 顾客开始询问购买数量时。
· 顾客不断反复问同一问题时。

时机出现后，店员促单的六种方法如下：

◎假定准顾客已经同意购买

当准顾客一再出现购买信号，却又犹豫不决拿不定主意时，可采用“二选其一”的技巧。

譬如，店员可对准顾客说：“请问您要那款翡翠项坠还是黄金手镯呢？”此种“二选其一”的问话技巧，只要准顾客选中一个，其实就是你帮他拿主意，下决心购买了。

◎帮助准顾客挑选

许多准顾客即使有意购买，也不喜欢迅速签下订单，他总要东挑西拣，在产品颜色、规格、式样上不停地打转。

这时，聪明的店员就要改变策略，暂时不谈订单的问题，转而热情地帮对方挑选颜色、规格、款式等，一旦上述问题解决，你的订单也就落实了。

◎利用“怕买不到”的心理

人们常对越是得不到、买不到的东西，越想得到它、买到它。店员可利用这种“怕买不到”的心理，来促成订单。

譬如说，店员可对准顾客说：“这种产品只剩最后一天的促销期了，短期内不再降价，今天机会难得。”或说：“今天是优惠价的截止日，请把握良机，明天你就买不到这种折扣价了。”

◎欲擒故纵

有些准顾客天生优柔寡断，他虽然对你的产品有兴趣，可是拖拖拉拉，迟迟不作决定。

这时，你不妨故意收拾东西，做出要把产品放回货架的样子。这种假装“收回”的举动，有时会促使对方下决心。

◎反问式的回答

所谓反问式的回答，就是当准顾客问到某种产品，不巧正好没有时，就得运用反问来促成订单。

举例来说，准顾客问：“你们有A品牌吗？”这时，店员不可回答没有，而应该反问道：“抱歉！我们没有代理，不过我们有B、C、D三种品牌，在这几种品牌颜色里，您比较喜欢哪一种呢？”

◎快刀斩乱麻

在尝试上述几种技巧后，都不能打动对方时，你就得使出杀手锏，快刀斩乱麻，直接要求准顾客签订单。

譬如，“您是选这个还是那个？”或者直接询问付款方式：“您是现金，还是支票？”

★成功交易

交易达成以后，就要进入商品交付阶段。首先要询问顾客的货款支付方式，为顾客开好票据，是现金支付还是刷卡，然后，引导顾客到收银台结算。

在这个间隙的时间里，你应该快速而有条理地为客人做好交付准备，首先是包装用品——将货品包装好；其次是货品配套的其他资料——鉴定证书、售后服务卡、与货品相关的产品说明等以及本公司宣传材料。

等顾客结算完毕返回柜台时，最好将这些工作全部准备好，让顾客一一验收。然后，用公司统一制作的包装袋连同货及销售票据一起装入其中（当着顾客面将货品放入包装袋并提醒顾客），别忘了还有馈赠的礼品，并再次提醒顾客首饰的佩戴及保养常识，并欢迎他定期来本公司做清洗、维护工作；最后与客人友好地道别。

详细步骤和要点如下：

◎注意事项

到这一阶段，应力戒“匆忙”，并注意以下几点：

·绝不可慌张，如果此时慌慌张张，会引起顾客的疑心，往往会失去顾客的信赖；

·不讲多余的话、学会适时结束谈话；

·不可表现出“终于卖出去了”的紧张、喜悦心情，这会导致再次失去销售的机会；

·不要表现出希望顾客快快离开的举动；

·继续倾听顾客的谈话。

◎收款时，唱收唱付，清楚准确

·询问何种付款方式（现金、卡）。

·如代客付款钱要当面点算清楚。

·大额现金最好带领客人到收银台，让客人自己结算。

·找零及发票要当面交代清楚。

◎包装

包装前要检查商品有没有破损脏污，包装要快捷稳妥，包装过程中可以向顾客提一些友好的建议，增强与顾客的感情联络。

顶级店员智慧

◎**亲情送客**

· 双手将商品送给顾客，并真心向顾客道谢。
· 认真地包装及交付。
· 保养的常识要介绍。
· 附带保养的小资料。
· 赠送的礼品。
· 提醒客人带齐随身物品。
· “请慢走，欢迎下次光临”。

◎**转介绍**

当顾客离开时，店员的工作并未结束，并同时传播一些新的珠宝知识，比如：“如果您不佩戴时，请将这件首饰单独放置，不要与其他首饰堆放在一起。”此话立即引起顾客注意：“为什么？”“这是因为钻石的硬度非常硬，比红蓝宝石硬140倍，比水晶硬1000倍，如果堆放在一起就会损坏其他宝石”……

最后最好用一些祝福的话代替常用的“欢迎下次光临”，比如“愿这枚钻石给你们带去美好的未来”，“愿这枚钻石带给你们幸福一生”等等，要将“情”字融入销售的始终。

顶级店员智慧

了解顾客的心，以心换心，你才会成为顾客最好的朋友。

第四章　留住顾客心

赚所有的人一次钱是运气；赚一个人所有的钱就是学问，这学问就是赢得人心。

——佚名

1 以心换心

一把坚实的大锁挂在大门上，一根铁杆费了九牛二虎之力，还是无法将它撬开。钥匙来了，它瘦小的身子钻进锁孔，只轻轻一转，大锁就“啪”地一声打开了。

铁杆奇怪地问：“为什么我费了那么大的力气也打不开，而你却轻而易举地就把它打开了呢？”

钥匙说：“因为我最了解它的心。”

每一位顾客的心，都像上了锁的大门，任你再粗的铁棒，也难撬开。唯有关怀，才能把自己变成一只细腻的钥匙，进入顾客的心中。

了解顾客的心，以心换心，你才会成为顾客最好的朋友。

有一位客户在太太生日那天来到一珠宝店，想为太太买一件珠宝首饰，来庆祝太太的生日。而珠宝店里，虽然有客户中意的珠宝首饰，但是却没有中意的款式。面对这种情况，店员没有简单地以一句“对不起”了事，而是从柜台中取出一束漂亮的鲜花，满面微笑地送到客户面前，真诚地祝福他太太生日快乐。

客户被这突如其来的鲜花和意想不到的真诚而感动了，他当即改变自己原来的想法，买了一件其他款式的珠宝首饰，本来已经做不成的生意，却由于店员的“用心”服务而最终成交。

这位店员的经营之道，对于我们来说启示深刻，在我们今天千方百计的呼唤用户，抢占市场的时候，市场已经为我们启开了方便之门，那把钥匙就是用心服务，将心比心，以心换心，用我们的真诚服务，使客户高兴而来，满意而去，用我们的“心”留住客户，用“心”铸造我们的品牌。

首先，留人得留心。

对于商家来讲，留心凭啥？只能凭服务，优质周到、充满温情的服务。

一个真诚的笑脸是服务，一句热情的问候是服务，一次售后回访是服务，甚至发现错误能够及时纠正也是服务。

很多顾客都说，一个优美、清爽的环境，加上贴心、真诚的服务，比多少次促销更能打动人心。心动自然化作行动，能够以优质服务打动人心的商家哪有不赚钱的理儿。

其次，要有一颗“热心”。要实实在在地做人，想客户所想，解客户所难，应客户所求。

最后，要有“耐心”。耐心是对客户的尊重，也是对顾客心理的一种感化。有耐心的人，心情和善、平心静气，在商品销售上千问不厌、百拿不烦，最终会得到客户的赞赏和回报。

“将心比心，以心换心”。我认为，只有做到以上这些，公司与商家才能留住客户的“心”。

那么，具体怎样做呢？方法如下：

★维护——最有价值顾客

李先生在A品牌店买了一块表，戴了三个月，因为一开始买的时候时间都是设置好的，他当时也没去管其他的，忽然有一天，李先生发现他忘了怎么设置了，搞了半天都没弄出来。

李先生抽了一个周末，陪老婆逛街时路过A品牌店，他就进去，顺便想给他的老婆也买一块，李先生走到柜台前对卖表的店员说：“小姐，三个月前我在你这买了块手表，我忘了怎么设置了，麻烦你告诉我一下。”

当时，刚好有两位客人过来看表，她说了句：“好，你稍等一下。”李先生就在那里等，他是从中午1：45一直等到3：20，店员只顾介绍她的表给其他人，没有时间理李先生，李先生终于发火了，当着他们顾客的面，说：“你们A品牌店怎么这样，卖了东西就不管人了，而且用了三个月，表面就花了，我问个怎么样设置，就等了近两个小时。”

当其他顾客听到李先生这样说时，都走了。其实她给李先生讲一下最多也就1分钟，而且李先生还可以再买一只，还能够帮她说几句好话。

我们都知道的，当我们在买某样东西，刚好有其他人在这买过同样的产品，他的一句话对我们来说比店员讲所有的话都管用。

现实当中，我们好多店员，干了很多年，还像新入行那样，天天都在找顾客，这个不是说他的业务能力有多差，大部分原因是他忘记了他的老顾客，世界上有名的销售大师，吉尼斯世界记录的保持者乔吉·拉德告诉他的老顾客：不管在何时何地，当我再次遇到你，我会放下我手上任何工作向您打招呼，为您提供服务。

很多店员一听到服务，就想到是公司的事，或想到又要花钱，其实大家想一想，如果当时那位A品牌店的店员如停下手中的活，走过来说，您好，您用的手表有什么问题吗？需要我帮忙吗？这话让想要听的人听到，心里是不是对这家公司非常信任？认为这是一家非常负责任的公司，产品一定也非常不错。

所以，下次如你的老顾客过来，你一定要隆重向大家介绍，感谢他买了你的东西，逢年过节的时候给你的顾客发一张卡片，或发一条短信问候，相信你的销售业绩会越来越高。

任何一家品牌连锁店都有对自己贡献率最大的顾客，通常称为VIP顾客，这类顾客的数量不可能很多，占品牌连锁店顾客的比例很小。一般为1%左右，他们的购买力很大，购买金额占品牌连锁店销售额的比例最大，对品牌连锁店贡献的价值也最大。

品牌连锁店对这类顾客要采取特殊的服务政策，把他们视为贵宾，使其享有品牌连锁店最尊贵和优质的服务。

最有价值顾客是公司中的常客，所以，建立信赖关系并不是简单的价格、折扣问题，也不是一两天、一两个人的事情，而是在合作过程中，通过双方的诚意，长期积累的一种关系。

顶级店员智慧

那么，如何维护最有价值顾客，让他们长期为我们创造价值呢？

首先，及时解决顾客提出的问题。

没有问题的关系，不是真实的关系；若对问题轻视和不予理睬，只能使关系走向深渊。对顾客问题的快速反应，成了“以顾客为中心”的基本要求。这需要有高素质的店员、用以客为尊的服务态度、尽心尽职的解决问题。

其次，及时了解并掌握顾客的需求点，只要这样，才能真正树立起为顾客着想的方向。

最后，给顾客提供有价值的建议和方案、实用的增值服务。

另外，要站在顾客角度考虑问题、态度热情、负责、真诚、履行承诺、给予顾客更多的实际利益。

★培养——最具增长性顾客

这类顾客决定着未来的销售额，如果说“最有价值顾客”决定现在，而“最具增长性顾客”则决定未来。

不论何种商业模式，最终都需要赢利，只有有赢利点的支撑，才能保证基业长青。一种商业模式要赢利，大多数情况下，都必须要清楚其面对的潜在顾客是谁，才能针对潜在顾客不断提高实践中的服务能力和水平，此种商业模式就能建立起稳定的顾客群，才能最终保证商业模式的成功。

顾客是利润来源，顾客满意了，利润自然源源不绝。但有些企业经常碰到这样的尴尬情况：花了大量的人力、物力、财力为每一个顾客服务，但是，一年算下来，赚少赔多。

或许，我们会问：我们做得够好了，顾客也不少了，利润不涨反降？

顶级店员智慧

很多人认为，顾客都是上帝，要用最好的服务，让每个顾客满意，这样才能获得最大的利润。事实上，不是所有的顾客都是上帝。

世界上存在着“二八”规律：20%的顾客创造了80%的利润，80%的顾客却只创造了20%的利润。几乎所有企业都遵循这样的规律。

“二八法则”一经问世，很多企业才明白大部分的资源消耗了，消耗在无谓的顾客上，所以才赚不到多少钱。只有20%的顾客是上帝，我们要找出这些上帝，把资源聚焦在他们身上，才能获得80%的收益。

那么，我们要怎样辨识“上帝”，也就是那创造80%利润的20%顾客群？

想了解这个问题，我们可以参考美国通用公司“金字塔顾客模型”，美国通用公司把顾客分为四个等级。如图：

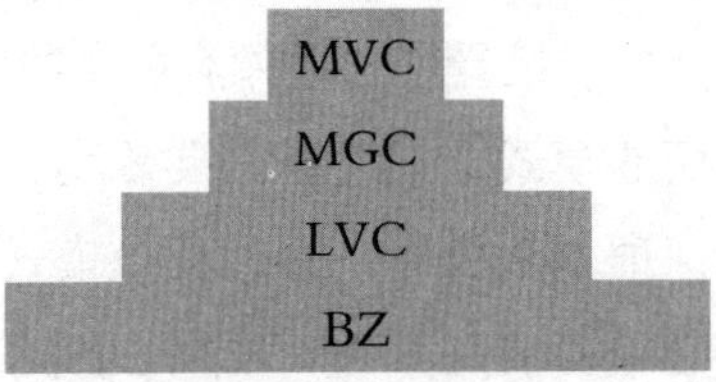

【图】金字塔顾客模型

塔尖是最有价值的顾客（MVC），第二层是最具增长性的顾客（MGC），这两类顾客大约占20%，是我们的上帝。第三层是低贡献顾客（LVC），塔底是负值顾客（BZ），这两类顾客大约占80%，属于劣质顾客。

★提升——低贡献顾客

再差的顾客，也是您的顾客，即使他不能为你直接创造利润和价值，但他同样可以为你创造“口碑价值”。从某种意义上说，对这样的顾客不能得罪，应该以一颗宽容的心去接纳。你要求顾客如何对你，你就应该如何对待顾客。

金杯银杯，不如顾客的口碑。

什么是“口碑价值”，现在很多店员是势利眼，还有的是坑蒙宰人型的，宰一个算一个，他们的生意都不会做长久。得到一个顾客不算什么，但得罪一个顾客的话，肯定会失去一大批人。很多看起来现在买不起你珠宝的人，以后不一定不买，赚钱之道是数量的积累。

顶级店员智慧

得到一个顾客不算什么，但得罪一个顾客的话，肯定会失去一大批人。

2 待客有方

店员与顾客面对面的交流是实现销售的主体过程，在这个过程中，店员应遵守以下五项方法：

★对顾客均一视同仁

王先生有一个国外的朋友，他准备要2000台保险柜，让王先生帮他在国内找货源。王先生一听很高兴，凭自己做销售这么多年的经验，没有问题。但事实上并不是他想象的那么容易，对保险柜这东西他一点都不了解，打开电脑，点开了几家公司的联系方式，打电话过去，大部分是销售人员接的，因货是出口，要从天津、上海或深圳出发，但王先生在福州，所以找的工厂都是上海、深圳、苏州、天津那一块的企业。

说来有些气人，有一半的销售员当听到王先生是福州的，都用异样的声音问王先生问题，好像王先生是骗子一样，更有一个家伙，是个女的，听到王先生说是福州的，“叭”的一声就把电话挂了，说：“太远了，我们不做。”

顶级店员智慧

一个是心里成交，第二个是现实成交。

店员在不了解事实的情况下，永远不要给顾客下结论，这一点我发现很多店员都会犯这个错误，跟顾客沟通后，或初次看一眼顾客的表情就下结论：这家伙一看就知道没有钱，多半不会买，只是随便问问的；这家伙是不是来打探信息的？

店员如有这样的想法，顾客就算非常想买，也不会买你的。其实，成功的店员，完成一次订单都会经历两个过程，一个是心里成交，第二个是现实成交。所以，我们在日常接待顾客时，不管他是否要买你的东西，都把他当作你的顾客。都要认真对待，顾客买你的，固然有买你的道理，没有买你的也有他没买的理由，就算现在没有买，不一定将来就不会买，就算是他买不起，不一定他周围的朋友买不起。

现实中有大量五音不全的人购买钢琴充门面，从不翻书的一些人购买大量的书装作有学问，有很多开奔驰的人却穿着布鞋。所以我们在工作中，不要随便地给顾客下结论，认真地听顾客的问话，分析他的需求。

对零售店的店员来说，应注意不要对待顾客有所差别，即遵循平等化原则。顾客给店员的第一印象，对店员来说会有所不同，顾客来门店的动机会有所不同；顾客的个性特点会有所不同，但为了品牌连锁店长期利益、为了为顾客提供良好的服务，为了公司的整体形象，应当能及时调整，不管你是来看的、还是来买的、还是来参观的，只要时间允许，都要为顾客提供同等质量的服务。

店员在整个服务过程中应对不同顾客予以细微观察，尤其应对顾客在选购过程中的心理与表情变化作认真的观察、分析，从而采取适当的销售技巧，使顾客体会到店员不是在推销商品，而是在设身处地地为顾客着想，尽心尽力地为顾客当参谋。

能够触动顾客在情感方面的“需要”，可激发出多种多样的动机，这时需要销售员根据消费者的言谈举止和行为方式作为判断，进而提供有针对性的服务。

这些动机常见的有：求实、求新、求变、求便、求利、求趣、求优、求多、求美、求异、好奇、惠顾、储备、偏好、习俗、好胜、模仿、从众、威望、炫耀、超群等等。

顶级店员智慧

真诚的态度甚于珠宝的光芒。

★一切服务要真诚

真诚的态度甚于珠宝的光芒。

作为销售高档消费品——珠宝首饰的场所，除了为顾客提供美丽的珠宝首饰外，更应让顾客深切体会到购物的乐趣与满足、享受，这种感觉最直接的是店员真诚、友善。

顾客由产生需求到实现购买，是一个漫长的过程，顾客选择贵店来实现其这种多年的夙愿，这本身就是对贵店的信任，店员应对顾客的到来表现出由衷的欢迎与感谢，并将这种情绪贯穿于整个销售过程中。

店员是公司形象的展示者，公司品牌的推广者，公司产品的管理者，公司效益的创造者。每天为顾客提供直接的服务、与顾客直接打交道的是店员，因此店员的言谈、举止、店员的服务态度，成为顾客对品牌连锁店的评价和印象。

店员优良的表现、周到的服务会使顾客形成良好的印象，顾客对品牌连锁店的认同与信任，使现有顾客成为忠实的顾客，从而使品牌连锁店的信誉日渐提升。

3 亲情待客

★宽容与理解

正是经济萧条、遍地都是失业者的时候，她——一位20多岁的姑娘好不容易找到一份工作，在一家珠宝店里做售货员。

这是一个圣诞节的前夜，快打烊的时候，来了一位30多岁的男子，他在珠宝店里转悠。终于，他的目光定格在一条镶有七颗钻石的手链上："小姐，请把这手链拿给我看一看。"姑娘拿出了手链，递给他。

"多少钱？"他懒洋洋地问。

"12万美元，先生。"

"太贵了吧。"说完他把手链还给了姑娘，忙着往外走。

姑娘小心翼翼地将手链放回原处，她分明看见手链上的钻石只剩下了六颗。她紧走了几步，在珠宝店门口追上那名男子，伸出右手微笑着说："先生，祝您圣诞快乐！"

男子稍微迟疑了一下，也伸出了右手，握住了她的手，笑着说："谢谢！"说完，转身走出门外。姑娘感觉右手心多了个硬硬的小东西，她知道这就是那颗钻石。

10年后的一个圣诞前夜，还是在这家珠宝店里，一位40多岁的富商握住了珠宝店女老板的手："谢谢你，是你给了我自尊，给了我生存的智慧！"富商，是10年前的那位男子。珠宝店女老板，就是当年的姑娘。

生活中的好多时候，有时就是一次简单的握手、一个不经意的微笑，或许，你就会收获你生命的钻石、人格的尊严！

待客服务，就是为给顾客提供愉快的消费而做的工作，这与对待亲朋好友的心情类同。对待顾客就像亲人，如果每一名店员都有这样的心，就可以为品牌连锁店创造最大的价值。亲情像春风，它给人们送去温暖；亲情像春雨，它把甘露洒入人们的心田。

顶级店员智慧

待客以忠，顾客就会回馈忠诚。

★忠诚服务

待客以忠，顾客就会回馈忠诚。近年来，我研究过很多百年老店，我发现他们有一共同特点：待客忠诚。

周大福向来以忠诚服务作为待客之道，赢尽口碑。

周大福更致力推行优质服务，加强店员培训，推广“由心做起”之服务文化，务求令顾客有宾至如归的感觉。

事实上，去过周大福门店的顾客确实可以感受到“宾至如归”的感觉。周大福的店员有礼、有节，推介产品时处处为顾客着想，真正的把顾客当成了朋友对待。

2005年荣膺“中国500个最具价值品牌”排行榜第58位，评估品牌价值为82.75亿元人民币，成为前200位的唯一珠宝品牌。与此同时，周大福被中国工商管理总局评为“中国驰名商标”。

★让顾客得益

随着时代的发展与进步，作为社会财富的创造者，企业必须走出“金钱至上”的错觉，以“企业价值”最大化代替“利润最大化”作为目标。

新的顾客导向的经营理念，要求企业必须首先弄清楚：

我们为什么存在？

客户为什么需要我们？

把用户的难题当作研发课题的企业，才真正体现企业价值所在，才会有希望。这不仅体现一种能力，更是一种理想，一种境界、一种责任感……而这一切“让顾客得益”的理念，均可以在店员的服务中得到传承和体现。

如果企业的领导者功利心太强，只有赚钱的欲望，就没有精力和心情去仔细体味消费者的困难，也就不可能寻找到时刻存在我们身边的商机。

真正的伟大的企业不是仅仅为了赚钱，而是为顾客或消费者解决难题。实现企业的社会价值和经济价值，这样的企业一定会长存。

让顾客得益，时刻为顾客着想，顾客就会视你为亲人、朋友。

4 信守承诺

★承诺是金

有一个珠宝商店新开业，人并不是很多。后来有一位顾客发现，一条很珍贵的项链竟然只标价100块钱，所以他就要这个。

伙计傻眼了，心里暗暗叫苦，因为他知道肯定是少写了两个零，本来这条项链要值10000块的。没办法，他只好把老板叫来了。

老板来了后，问清情况，就把项链以100块钱的价格卖给了顾客。

自此后，人们知道这个珠宝店讲究信誉，店里的生意越来越好。

一名品牌连锁店的店员，如果能够树立起“诚信为本”、“童叟无欺”的形象，品牌连锁店就能够不断发展壮大。

承诺是金，说到做到，不放空炮。

一些品牌连锁店之所以能兴旺发达，尽管原因很多，但“以诚信为本”，是其中的一个决定性因素；相反，如果为了追求最大利润而弄虚作假、以次充好、假冒伪劣和不讲信用，尽管也可能得利于一时，但最终必将身败名裂、自食其果。

但不可否认的是，也有一些品牌连锁店和个人，曾以失去“诚实守信”而导致“信誉扫地”，在经济上、形象上蒙受了重大损失。这沉痛的教训，是值得认真吸取的。

《史记·季布栾布列传》中说：“得黄金百斤，不如得季布一诺。”世界上众多的知名品牌，之所以能走到百年后的今天，是因为不把金钱放在第一位，而是把忠实地履行承诺放在了第一位。

店员作为门店的窗口，就要时刻传承兑现承诺的排头兵，说到就要做到，决不是推三阻四，出尔反尔。

顶级店员智慧

承诺是金，说到做到，不放空炮。

★人品决定产品

早年，尼泊尔的喜马拉雅山南麓很少有外国人涉足。后来，许多日本人到这里观光旅游，据说这是源于一位少年的诚信。

一天，几位日本摄影师请当地一位少年代买啤酒，这位少年为之跑了3个多小时。第二天，那个少年又自告奋勇地再替他们买啤酒。这次摄影师们给了他很多钱，但直到第三天下午那个少年还没回来。于是，摄影师们议论纷纷，都认为那个少年把钱骗走了。

第三天夜里，那个少年却敲开了摄影师的门。原来，他只购得4瓶啤酒，尔后，他又翻了一座山，趟过一条河才购得另外6瓶，返回时摔坏了3瓶。他哭着拿着碎玻璃片，向摄影师交回零钱，在场的人无不动容。这个故事使许多外国人深受感动。后来，到这儿的游客就越来越多……

顶级店员智慧

人无信不立，品牌连锁店无信不长，社会无信不稳。

对于品牌连锁店来说，意味着品牌连锁店除了在产品质量上把好关外，还必须在广告宣传上和促销时能做到实事求是，诚信诚恳，不浮夸，不使用欺诈手段误导消费者；对于店员来说，需要严格的自律意识、良好的职业精神和工作态度。心诚，产品才好。

人品决定产品，这就要求店员不应受金钱的刺激而生产，而是用诚实的心虔诚地来看待自己的职业。

人无信不立，品牌连锁店无信不长，社会无信不稳。

品牌连锁店的信用犹如它的脸。因为信任那张脸，喜爱那张脸，顾客才会去亲近光临。

生意成功，有时凭的不是充足的金钱，而是信誉。

信誉是一点一点积淀而来的，如果你把它挥霍了，就再也收不回来了，对于品牌连锁店来说，信誉是一笔不可替代的巨大财富。而品牌连锁店的信誉正是靠它的每一名诚实可靠的店员共同树立起来的。

所以，作为一名店员，你必须靠勤劳、诚实去为自己赢得信誉，弄虚作假，只能是一锤子买卖，终究是要弄巧成拙，惨遭失败的。

做人就像做生意一样，第一要诀就是诚实。诚实就像树木的根，如果没有根，树木就别想有生命了。

顶级店员智慧

★诚信经济

伟大的经济学家亚当·斯密曾说："商人本来最怕失信用。他总是时刻小心翼翼地按照契约履行所承担的义务……"

其实，经商的法则之一就是诚信。只有诚信经营，市场经济才能正常运转，任何弄虚作假、坑蒙欺诈、假冒伪劣等不道德行为都会破坏市场经济规律。只有诚信对待顾客，顾客才能对你忠诚。所以，诚信是市场经济的基本条件，市场经济的繁荣就是诚信提升。

很多时候，一些店员与顾客沟通的时候，大部分都有势在必得的心态："只要能拿下订单，什么条件都可以答应。"于是轻信寡诺的事情就发生了，比如：确定是七天可以交货的，为了讨好顾客，说是三天可以；确定带电时间是30小时的，却说成60个小时；确定说是9克拉的钻戒，却说成10克拉。

……

如此等等，反正只要顾客给了钱，自己有了佣金，其他的都不管了。

经调查，平均一个不满意的顾客会告诉11个潜在顾客，这里顺便提一下，我们现在很多品牌连锁店都在提顾客忠诚度，因为光顾客满意还不行，满意的顾客不一定下次还会买你的产品，平均一个忠诚的顾客会向3个人推荐你的产品，所以忠诚比满意重要。

这里我们了解一下什么叫顾客满意度，所谓顾客满意度是指顾客的期望与现实的差距，如达到期望，就满意，未达到就不满意，超过就是忠诚。

96%的不满意顾客不会向公司抱怨，只是下一次不买你的了。这就是为什么有些品牌公司要求店员在给顾客作产品说明时有所保留的原因，各位试想一下：我们给顾客承诺一部手机待时30小时，结果待时40小时，顾客会非常的惊喜。所以，我们做店员的，不要为了拿下订单，不切实际地给顾客作一些承诺，这样，很容易断了自己的财路。

在诚信的被动成本中，不保证产品质量、不实现承诺、不召回或不维修市场上的不良产品都可以减少企业成本，符合企业追求利益的目的。但是这个分析是静态的，认为企业只交易一次，不诚信可以获得最大利润。然而没有企业只进行一次交易，因为企业需要不断地交易来维持生存。一次不诚信足以让交易者失去信任，断绝以后来往，这种损失才是巨大的、长久的、难以挽回的。

有一家制造汽车的厂家，承诺顾客不论在哪里需要售后服务，厂家的服务人员24小时就可以达到。有一个冬天，大雪封山，一个顾客因为汽车缺少一个零件不能启动，于是向厂家发出求救电话。厂家对于这个顾客简直是一筹莫展，因为大雪封山，陆上的交通工具无法在24小时内抵达，就是在距离顾客最近的服务站也需要48个小时到达。厂家无奈，最后为了实现自己的承诺，不得不租用飞机前往，只是送一个零件。

没想到，厂家这一举措赢得了广大顾客的支持，都盛赞其信守承诺。厂家不仅在短时间赚回租赁飞机费用，更是让自己声名远播，为自己赢得广泛的市场。

从动态分析，诚信可以维持业务，带来持久收益；诚信可以扩大业务，带来巨大收益。因此，从当前看，诚信被动成本大于诚信收益；从长远看，诚信被动成本小于诚信收益。所以，只要企业要继续生存，就应该诚信。

5 老板意识

顶级店员智慧

★四美元一桶

老板意识不是当老板才有的心态，不是老板的专利。

有些人别人叫他老板，他也以老板自居并洋洋得意，其实，他并不是真正意义上的老板，因为，他没有老板意识。

有些人并没有老板的头衔，甚至在从事着十分平淡或简单的工作，比如一名收银员、一名文员或店员等，但他可能却是真正意义上的老板，因为他具备了当老板的基本要求和素质——老板意识。

有这样一个案例：

从前在美国标准石油公司，有一位身处基层的小职员叫阿基勃特。他出差住宿总是在签名的同时，恭敬地写上“每桶四美元的标准石油”的字样，而且在书信、收据以及其他所有的地方，只要他有机会对着外人签名，他都会毫不例外地写上“每桶四美元的标准石油”这几个字。

天长日久，同事给他起了一个绰号就叫“每桶四美元”，而他的真名人们似乎给忘记了。

公司董事长洛克菲勒听说这件事后说：“竟有这样的职员？他这样努力地宣扬公司的声誉，我要见见他。”于是邀请阿基勃特共进晚餐。

光阴荏苒，阿基勃特凭着自己的坚韧、责任和能力，一步步地走上了公司高层领导职位。洛克菲勒卸任之后，阿基勃特成了标准石油的第二任董事长。

写上“每桶四美元的标准石油”，这是一件多么简单

顶级店员智慧

有老板意识的人最终不一定都会成为老板，但是，没有老板意识的人肯定成不了老板。

而又容易做到的事，可是只有阿基勃特一人去做了，而且义无反顾，以此为乐。在鄙视和嘲笑他的人中，肯定也有不少才华出众、能力非凡的人，可是最后只有他成了公司的董事长。

有老板意识的人最终不一定都会成为老板，但是，没有老板意识的人肯定成不了老板。

所谓老板意识指的是一种使命感、责任心、事业心；指的是一种大处着眼、小处着手的工作精神；指的是对顾客、效率、效果、质量、成本等方面持续的关注与尽心尽力的工作态度；指的是像老板那样思考，像老板那样行动。

绝大多数店员都是在一个门店中奠基自己的事业生涯的。只要你还是某一品牌连锁店中的一员，就应当抛开任何借口，投入自己的忠诚和责任。

一荣俱荣，一损俱损。将身心彻底融入连锁店中，尽职尽责，处处为品牌连锁店着想，对投资人承担风险的勇气报以敬重，理解管理者的压力，那么任何一个老板都会视你为品牌连锁店的重要人物。

★与企业同步

什么才是真正的老板意识?

如何做到让店员有老板意识?

我认为，绝大多数店员应当抛开任何理由，投入自己的忠诚和责任。要有一荣俱荣，一损俱损的心态。

将全身融入公司，尽心尽责，处处为公司着想，钦佩投资人承担风险的勇气，理解管理者的压力，那么，任何一位老板都会视你为公司的支柱。

用老板的心态对待工作，就要像老板一样，把企业当成自己的事业。

谭丁是沃尔玛中国的商品采购总经理，从1995年沃尔玛进入中国之初，刚毕业的谭丁就加入了这家品牌公司。刚加入时负责采购的工作，由于对采购工作根本没有任何经验，就像一张白纸，可以想象当时的困境。谭丁工作进行得极其艰难，但是，她始终坚持一个原则，随时都要为公司争取到最大的利益。

正是有了这种老板的心态，她在工作中逐渐积累经验，掌握了娴熟的谈判技巧，同时注意把握一种双赢，用老板的视角考虑到供货商的利益，终于打开了采购工作的局面。

很快，谭丁从一个普通的采购员升任到助理采购经理，再到采购经理，到现在已经成为商品采购总经理。

顶级店员智慧

有了老板心态，你就会成为一个值得信赖的人，一个老板乐于接受的人，从而也是一个可托大事的人。

有人曾说过，一个人应该永远同时从事两件工作，一件是目前所从事的工作，另一件是真正想做的工作。如果你能将该做的工作做得和想做的工作一样认真，那么你一定会成功，

因为你在为未来做准备，你正在学习一些足以超越目前职位，甚至成为老板或老板的老板的技巧，当时机成熟，你已准备就绪了。

如果你是老板，你对自己今天所做的工作完全满意吗？别人对你的看法也许并不重要，真正重要的是你对自己的看法。回顾一天的工作，扪心自问一下：“我是否付出了全部精力和智慧？”

如果你是老板，一定会希望员工能和自己一样，将公司当成自己的事业，更加努力，更加勤奋，更积极主动。因此，当你的老板向你提出这样的要求时，请不要

顶级店员智慧

拒绝他。

以老板的心态对待公司，你就会成为一个值得信赖的人，一个老板乐于雇用的人，一个可能成为老板得力助手的人，更重要的是，你能心安理得地沉稳入眠，因为你清楚自己已全力以赴，已完成了自己所设定的目标。

然而在今天这种狂热而高度竞争的经济环境下，你可能感慨自己的付出与受到的肯定和获得的报酬并不成比例。

下一次，当你感受到工作过度却得不到理想工资，未能获得上司赏识时，记得提醒自己，你是在自己的公司里为自己做事。

★为自己打拼

A对B说："我要离开这个公司。我恨这个公司！"B建议道："我举双手赞成你报复！破公司一定要给它点颜色看看。不过你现在离开，还不是最好的时机。"

A问："WYE？"

B说："如果你现在走，公司的损失并不大。你应该趁着在公司的机会，拼命去为自己拉一些客户，成为公司独当一面的人物，然后带着这些客户突然离开公司，公司才会受到重大损失，非常被动。"

A觉得B说的非常在理。于是努力工作，事遂所愿，半年多的努力工作后，他有了许多的忠实客户。再见面时B问A："现在是时机了，要跳赶快行动哦！"

A淡然笑道：老总跟我长谈过，准备升我做总经理助理，我暂时没有离开的打算了。

一个人的工作，只有付出大于得到，让老板真正看到你的能力大于位置，才会给你更多的机会替他创造更多利润。

只要你把企业当作是自己实现梦想的平台，你就已经是企业的老板了。因为你已经和企业融为一体了，你的每一分努力都会不断地增值。

拿破仑曾经说过："一个人能飞多高，并非由人的其他因素决定，而是由他自己的心态所致。假如你对自己目前的环境不满意，想力求改变，则首先应该改变你自己。"要改变自己，不妨先了解一下成功人士是怎样做的。

齐勃瓦出生在美国一个贫穷的乡村，受过非常短暂的学校教育。

15岁那年，由于家中一贫如洗，他不得不来到一个山村找了一个马夫的工作。他不甘如此，不甘一辈子当马夫，他无时无刻不在寻找发展的契机。

3年后，机缘的巧合，齐勃瓦终于找到一个建筑工人的工作，他来到钢铁大王卡内基所属的一个建筑工地工作。

在齐勃瓦的身边，一起工作的同事多数是农民工。他们抱怨工作辛苦、薪水低，他们甚至讨厌自己的工作。齐勃瓦选择了沉默，他下定决心，要做同事中最优秀的人。齐勃瓦默默地积累着工作经验，并自学《建筑学》。

终于，齐勃瓦有一天被公司的经理发现，被破格升任为技师。

打工者中也有人讽刺挖苦齐勃瓦，但是他回答说："我不光是在为老板打工，更不单纯是为了赚钱，我是在为自己的梦想打工。"

正是抱定了这样的信念，他工作努力，刻苦钻研，系统掌握了技术知识。就这样，齐勃瓦一步一步升到了总工

顶级店员智慧

拿破仑曾经说过："一个人能飞多高，并非由人的其他因素决定，而是由他自己的心态所致。假如你对自己目前的环境不满意，想力求改变，则首先应该改变你自己。"

程师的职位上。25岁那年，齐勃瓦终于做了这家建筑公司的总经理。几年过后，卡内基亲自任命齐勃瓦担任钢铁公司董事长。

讲齐勃瓦的成长经历，并非说只要努力，你就一定能够成为企业老板，而是说只要努力，只要付出比别人更多的工作热情，你的才能就会发出耀眼的光芒。前提是你必须把企业当作自己事业的舞台，以企业主人翁的心态去对待工作。那么，你就会为自己的将来开创一片蓝海。

顶级店员智慧

第五章　职业精神

你认为自己是什么样的人，就将成为什么样的人。

——安东·契诃夫

1 店员职业精神

店员是品牌连锁店的一“小卒”，需要职业精神吗？

回答是肯定的。

店员的服务风貌好坏，直接影响到一个品牌连锁店的风貌。服务风貌的好坏源自职业精神，这包括敬业精神、立业精神、乐业精神。

★敬业精神

在一假期，东京帝国饭店，来了一勤工俭学的女大学生。

她被派往厕所做清洗工。

工作第一天，面对马桶，差点当场呕吐。

随后几日，勉强支撑，决定辞职。

在此关键时刻，此女生发现，和她一起工作的一位老清洁工，居然在清洗工作完成后，从马桶里舀了一杯水喝下。

此女生看得目瞪口呆，但老清洁工却自豪自在地表示，经她清理过的马桶，是干净得连里面的水都可以喝下去。

此女生顿时汗颜。

这个举动带给此女生很大的启发，令她了解到所谓敬业精神就是：

任何工作不论性质如何，都有理想、境界与更高的质量可以追寻；而工作的意义和价值，不在其高低贵贱如何？却在从事工作的人，能否把重点放在工作本身，去挖掘或创造其中的乐趣和价值。

于是，此女生决定留下。

观念改变，行为自然改变。

此女生再进入厕所时，不再引以为苦，却视为自我磨炼与提升的训练场，每清洗完马桶，也总扪心自问："我可以从这里面舀一杯水喝下去吗？"

假期结束，饭店经理验收工作成果。

此女生在所有人面前，从她清洗过的马桶里舀了一杯水喝下。

这个举动同样震惊了在场所有人，尤让经理认为这名工读生是绝对必须延揽的人才。

毕业后，大学生果然顺利进入帝国饭店工作。而凭着这简直匪夷所思的敬业精神，三十七岁以前，她是日本帝国饭店最出色的员工和晋升最快的人。

三十七岁以后，她步入政坛，得到小泉首相赏识，成为日本内阁邮政大臣。

这位女大学生的名字叫野田圣子。

“敬业精神”是做好本职工作的重要前提和可靠保障，就是“专心致志以事其业”，即用一种恭敬严肃的态度对待自己的工作，认真负责，一心一意，任劳任怨，精益求精。

曾经在很长时间的中日围棋比赛中，中国人总是占下风。当有记者采访日本超一流棋手武宫正树询问原因的时候，他回答说，日本棋手除了下棋，不考虑别的事情，他们一天24小时，除了休息外，几乎都用在下棋上，在他们的生活中，考虑的也就是下棋，围棋是他们的一切。

但中国棋手就不一样了，他们的兴趣爱好很广泛，当他们取得一定成绩以后，他们就不仅仅是棋手了，就变成社会名流，除了下棋，更多的时间花在了各种社会活动和社会应酬上。在这种情况下，如何能够指望这些名流打败日本棋手呢？

责任心不强、不敬业、工作态度不端正的店员，当工作没完成的时候常会找理由解释，不会去找方法解决，造成职业精神的缺失。

在全球拥有约170个精品店的卡地亚（CARTIER），历经了150多年的市场洗练后，仍旧坚持着追求敬业精神的至真、服务态度的至善、经营理念的至美而享誉世界。

敬业是做任何事情的基础，无论你所做事情大小，都必须有一种敬业精神，这需要我们用心去玩味其中的价值和意义。

我认为，敬业的精神就是不投机取巧、不走捷径，不为一些暂时的眼前利益而迷惑。

顶级店员智慧

责任心不强、不敬业、工作态度不端正的店员，当工作没完成的时候常会找理由解释，不会去找方法解决，造成职业精神的缺失。

日本有一个流行很广的传说，说的是以前日本有一位豆蔻年华的少女，一天她正在河边洗衣的时候，被一个魔鬼抓走了，魔鬼抓她去洗衣服。就这样她被抓去后，一直任劳任怨地洗衣服，洗了好几年。

一天，一位猎人误闯到魔鬼的住处，看见这位少女。知道她的遭遇后，猎人对她说：“跟我走吧，我带你回家。”少女说：“不行！我必须洗衣服！”这样猎人只好走了。

顶级店员智慧

一个人如果是三流的能力，但拥有一流的敬业精神，同样会获得成就；反之，即使拥有一流的工作能力，三流的敬业精神，也会半途而废。

在一些品牌连锁店工作的店员，误以为自己是最底层，而看不起自己的工作，这是不对的。工作的真正价值是得到一种生命体验，和对获取机会的积累。正像野田圣子一样，如果她缺少敬业精神，她就不会被东京帝国饭店聘用，在日本政界也不会出现一个内阁邮政大臣。

机会比薪水更重要，工作本身就是我们人格品性的有效训练工具，而公司就是我们生活中的大学。看到工作背后的价值，能够使人思想丰富、增长才智。

出色而有价值的店员通过工作中的亲身经历，获得大量的知识和经验，这将是工作给予店员最有价值的报酬，这一切不是薪水所能代替。

如果店员把工作看成一种人生进阶的工具，那么，每一份经历对自身而言，都充满着巨大的期待，收获将不期而至。

敬业的工作能使自己不断地超越自我，不断发现工作之外的许多奥秘；同时也会给自身带来诸多的学习机会，加强了实践经验，锻炼了办事能力，并且自觉提高个人修养。

一个人如果是三流的能力，但拥有一流的敬业精神，同样会获得成就；反之，即使拥有一流的工作能力，三流的敬业精神，也会半途而废。

无论是在何种的工作中都应做到全心全意、尽职尽责、一丝不苟，那么，成功与机遇必然接踵而来。只要你保持忠于职守、善始善终的工作态度，即使从事的是最普通、最简单、最平凡的工作也能放射出耀眼的光芒。

给多少钱，干多少活，使你踏步；干多少活，给多少钱，使你进步。其实不管薪水是谁发的，最后分析起来，其实你的老板就是你自己。

★立业精神

顶级店员凡事但求确确实实，不作假、不隐瞒。

在品牌连锁店，培养店员立业精神的实现，一般要通过塑建“诚、勤、朴”三个方面。如图：

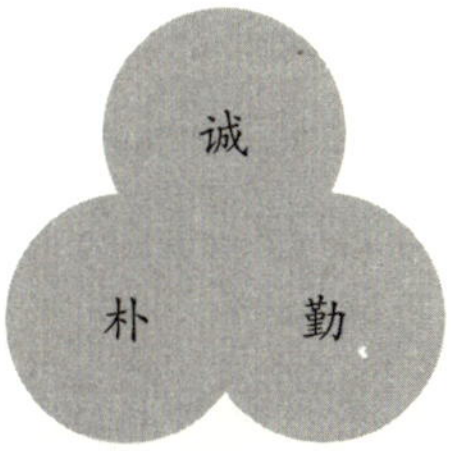

【图】立业精神三要素

◎诚

真诚才能功成。

诚者，真诚也。一名出色的店员，对顾客、对社会大众、对同事都要真诚相待，彼此有信，才能合作无间。

品牌连锁店的管理者同时也应该注意到，光靠自己的诚实是远远不够的，还必须培养正直、诚实的店员，公司的信誉是靠全体店员树立起来的。

诚实应该成为店员永久的伴侣，诚是一切道德行为的

顶级店员智慧

给多少钱，干多少活，使你踏步；干多少活，给多少钱，使你进步。

真诚才能功成。

基础和根本。只有出于真诚，才能形成道德信誉，养成道德品质。“诚”是每个人的立业之本。每一名店员要真诚地对待自己，真诚对待自己的工作，以及身边的事与人。

下面是一位店员的真实经历：

那年，我和朋友阿光一起去深圳打工。

到了深圳，我们在大街上盲目地奔波近半个月，终于打听到一家品牌婚纱影楼要招聘办公室文员，我们前往应聘。

那家品牌婚纱影楼待遇优厚，参与竞聘的人不少。面试结束后，主试者说还要试用一下，叫我们5天后去报到。

5天后，我们早早地去到公司。

公司老总亲自给我们安排了当天的工作，我们每人分到一大捆宣传单，到指定的街道各自发放。

我抱着传单，来到了划定的地盘，见人就发给一张。有的人接，有的人理都不理，有的接过去就随手扔在地上，我只好捡起来重发。

忙碌了一整天，可手上的传单还剩厚厚的一沓。

下午5点，我拖着满身的疲惫回公司交差。走进办公室，我看见其他人都已经回来了。阿光一看到我就说，你怎么还留那么多传单在手中？我一看大家手上都是空的，心头就慌了。

老总问我发了多少。我涨红着脸，把剩下的传单交给了他，难为情地说：“我干得不好。”在回住地的路上，阿光一个劲儿地骂我傻，还告诉我他的传单也没发完，剩下的全都扔进了垃圾桶，看来其他人也是如此。

我恍然大悟，恨自己不开窍，心想这份工作肯定没指望了。

结果却大出意料。那次招聘中，我是唯一被录用的。

我感到很纳闷，去公司报到时，我问老总原因，老总说：“一个人一天能发放多少传单，我们早就测试过。那天我给你们的传单，用一天时间肯定是发不完的。答案就这么简单！”

诚实比虚假会为你赢得更多的好处。

通过上面的故事，我们必须明白一个道理：诚实是金，别人对你的信任，首先来自你对别人的诚实。

店员的诚实包括对工作的诚实和对顾客的诚实。

对工作诚实，要求店员一丝不苟地尽好自己分内的职责，不偷工减料，不弄虚作假，不抱“完成任务了事”的心态。

日本著名的企业家吉田忠雄，在回顾自己的创业成功经验时说：“为人处事首先要讲求诚实，以诚待人，才会赢得别人的信任，离开这一点，一切都成了无根之花、无本之木。”

◎勤

每一名店员都要勤奋工作，努力不懈，才能日新又新；以勤补拙，才可望克服万难。

勤奋的店员要有三种行为：

一是起得比鸡早。

二是睡得比狗晚。

三是做得比牛多。

事实证明，付出勤劳就有收获的喜悦。勤奋是一个人的立业的基础，只有在付出时，你才能收获和成长。

天下没有白吃的午餐，更没有天上掉馅饼的事情。

顶级店员智慧

诚实比虚假会为你赢得更多的好处。

勤奋的店员要有三种行为：

一是起得比鸡早。

二是睡得比狗晚。

三是做得比牛多。

顶级店员智慧

一切质变都必须经过量的准备，没有一定量的变化，就不可能有质变。

“要想收获，勤播种；要想织布，先纺棉；要想恋爱，多交谈……”此歌词所言不虚。

天下没有免费的午餐，好事不会从天而降。

韩愈为了解说“不劳而获黄粱梦”的寓意，而在《进学解》中说：

“业精于勤，荒于嬉；行成于思，毁于随。”

哲学中讲的质量互变规律说：任何事物的运动变化，总是从量变开始的，随着量的增加或减少，发展到一定阶段，超过了一定的限度，就会质变。

一切质变都必须经过量的准备，没有一定量的变化，就不可能有质变。

所谓“冰冻三尺，非一日之寒”、“只要功夫深，铁棒磨成针”就是“勤”的道理。

正因为如此，有一定工作经验的店员都能体会到“勤”的作用。在一个品牌连锁店里，有成效、表现好的店员通常都能非常积极地去工作，从不消极抱怨，也不会为自己寻找任何借口；他们为工作忙碌，一天到晚精神抖擞。而那些表现差的店员总是在抱怨，工作消极、懒散，看起来没精打采。

业精于勤，以勤为本。辛勤劳动不贪安逸的店员，才能做出业绩。始终保持一种张弛有序的工作状态，保持一种昂扬向上的精神，做到四“勤”：即口勤、腿勤、手勤和脑勤。

·口勤

店员要做到随时和顾客沟通，注意衔接语言，不要忽略任何一位顾客。常用语言有：“请您稍等一下，我马上就来”，“对不起，请稍候”，“麻烦您先看一下这件商品，我马上就来”。

多说“请”、“对不起”、“麻烦”，只不过多费一点点口舌，但效果却不只是多一点点。

· 脑勤

越是顾客多时，店员越要保持清醒的头脑，勤于思考，不要手忙脚乱，忘记了你对某位顾客的诺言，千万不要忘记了你对某顾客说过的“请稍等，我马上来”的话，切不可将顾客晾在一边。

· 眼勤

顾客多时店员的眼睛要随时环顾四周，注意到自己区内的每一位顾客的动向，随时准备服务于每一位顾客。

· 手勤

生意繁忙时，店员要顾及到每一位顾客，就必须手脚勤快，不能总是呆在一个地方等顾客来找，而是要走前去主动为每位顾客服务，而且随时整理放好货品。

◎朴

朴者，俭朴也。

历史上“今日花天酒地，明日乞讨过街头”的例子屡见不鲜。

如果从现在起，节约每一滴水，那么日积月累，我们就可能节约一条江河；节约每一张纸，日积月累，我们可能节约一片森林；节约每一度电，我们就可能节约一个小型发电站！

在沃尔玛，俭朴的精神被传承和发扬。

众所周知，世界各地的沃尔玛员工办公室都是非常简朴的。他们在费用控制上可以说是“抠”到了极点，而对做出贡献的员工却大方得超乎想象。

节约一分钱的成本，就是增加一分钱的利润。

顶级店员智慧

多说“请”、“对不起”、“麻烦”，只不过多费一点点口舌，但效果却不只是多一点点。

节约一分钱的成本，就是增加一分钱的利润。

顶级店员智慧

没有快乐的店员，就没有快乐的顾客。

★乐业精神

每做一件事，一定要努力去做好，并把它当作一种乐趣。这种“乐业精神”，是难能可贵的，它共通于每一种行业。所以，光“敬业”不行，只有把品牌连锁店的工作当成一种乐趣，让自我感到幸福，才能真正提高服务质量。

培养“乐业精神”是品牌连锁店质量提高的关键，也是任何品牌连锁店急待开发的潜在的盈利资源。

在品牌连锁店的工作中，快乐服务是提升顾客满意度的关键，是服务质量的重要内容。没有快乐的店员，就没有快乐的顾客。而正是对这些工作，一部分员工存在着不正确的看法。

他们把服务工作看成是伺候人的工作，“顾客坐着我站着，顾客吃着（玩着）我干着，顾客挑三拣四的，我必须忍着”。

很多人把服务工作当成低人一等的工作，认为客人爱挑剔，难伺候，服务工作是受气的工作，影响了服务质量。因此，在这方面必须端正认识，只有端正了态度才可以快乐的工作。

在品牌连锁店从事服务工作，这只是社会分工的不同，并无高低贵贱之分。在品牌连锁店里做店员，到了工作场所以外的消费场合，也是顾客。

而从一位顾客的角度来看待店员的工作时，我们会感到提供优质服务的店员是有价值的。况且，服务业是我国正在大力发展的产业，将会有越来越多的人从事这一行业。

服务业的发展程度代表着一个国家和地区的社会发展程度，服务水平的高低优劣代表着社会文明程度的高低。因此，服务工作是文明的工作而非低贱的工作，必须端正服务态度。

有一些店员把自己的工作看作是一种“苦”，于是懒、散、拖、慢、怠、混等情况时有发生。怎能让这些店员自动自发，让连锁店的“老油条”赶快进入状态，这是我们每个管理者都应该深深思考的课题。

“业精于勤，行成于思”。无论任何新潮的思想、先进的理念，都要靠人来传播，来施行，所以光“敬业”不行。只有把店员的生活作为一种乐趣，让每一位店员都感到幸福，才能真正提高服务的品质，正如《论语》中所说：“知之者不如好之者、好之者不如乐之者”。所以，培养“乐业精神”是服务质量提高的关键，也是我们亟待开发的潜在的商业资源。

另外，作为店员应该把自己的心安静下来，所谓“安居乐业”就是这个道理。

很多店员或许抱怨自己的收入低，加班辛苦，心中总是有着“这样那样的想法”，这种“这山望着那山高”的心理，让很多店员心中无法平静，也就不会安心工作，也更谈不上乐业了。只有把自己的精力和热情聚焦在自己所从事的工作上，才可以产生乐趣和成就。

顶级店员智慧

只有把自己的精力和热情聚焦在自己所从事的工作上，才可以产生乐趣和成就。

2 改变自我状态

★改变从自己开始

一只猫头鹰搬家，路上遇到了斑鸠。斑鸠问猫头鹰："你要搬到哪里去？"猫头鹰回答："我要搬到东方去。"

"西方是你的老家，为什么要搬到东方去呢？"斑鸠不解地问。

猫头鹰长叹了一口气，态度沮丧地回答："因为我在西方实在住不下去了，这里的人都讨厌我夜间的叫声！"

听完猫头鹰的诉说，斑鸠劝道："你唱歌的声音的确很难听，尤其在夜间更是打扰别人睡觉，难怪大家会讨厌你。可是如果你能改变一下声音，或停止夜间歌唱，不就可以继续住下去了吗？不然的话，即使你搬到东方去，那里的人也照样会讨厌你的。"

在连锁店中，常见这样的店员，自己有缺点，受了挫折，不是从主观上找原因，而是一味地抱怨环境，迁怒于人。

一心只想改变环境，却从来不想改变自己。其实，及时找出自己的缺点和不足并加以改正，这比费尽心机去改变周围的环境来摆脱自己的困境会更有效果。

改变有积极和消极之别，有正面和反面之分。改变是现实中的一种生存状态，人生一直处于改变之中。

改变的主体是自己，从幼稚到成熟是改变自己，从懦弱到勇敢是改变自己，从平凡到伟大是改变自己，从拒绝到接纳是改变自己，从厌恶到热爱是改变自己。

巨大的改变可以是人生观、世界观、情感等，微小的改变也可以是态度、动作，甚至只是一个表情。

宇宙万物无常，一切生命和事物都在时刻改变中。一张桌子的内部分子时刻在运动着，外表看不出什么变化；人的身体里的细胞每时每刻都在生老病死，但从外表看不出什么变化；夜空中的星辰在做有规律的运动，但外表看不出什么变化。

变化无时不在，宇宙万物唯一不变的就是变化。

既然变化是永恒律，那我们就主动学会变化，主动学习改变。

改变自己是一种成熟，一种勇气，一种修养，同时更是一种睿智。改变自己是对自我的超越，最终必将获得人生的成功；反之，不愿改变或不善于改变自己常导致失败，最终必将给社会、人生留下遗憾、痛苦和悔恨。

在连锁店工作的店员，常被动地接受指令、被动地工作，这样的心态是不对的。唯有积极主动地去改变，用超前的行动做完上司将要交代的工作，这就是积极乐观的心态。

人生的重大决定，是由心态决定，像预先计算好的轨道，等待着你这颗“恒星”运行。所以，要想改变生活，必须改变生命；要想改变行为，必须改变自己的思想；要想改变世界，必须先改变自己。

以下这段话是一位安葬于西敏寺的英国主教的墓志铭：

我年少时，意气风发，踌躇满志，当时曾梦想要改变世界，但当我年事渐长，阅历增多，我发觉自己无力改变世界，于是我缩小了范围，决定改变我的国家。但这个目标还是太大了。

顶级店员智慧

要想改变生活，必须改变生命；要想改变行为，必须改变自己的思想；要想改变世界，必须先改变自己。

顶级店员智慧

大多数人想改造这个世界，但却极少有人想改造自己。

接着，我步入中年，无奈之余，我将试图改变的对象，锁定在最亲密的家人身上。但天不从人愿，他们个个还是维持原样。

当我垂垂老矣，我终于顿悟了一些事：

我应该先改变自己，用以身作则的方式影响家人。若我能先当家人的榜样，也许下一步就能改善我的国家，再后来我甚至可能改造整个世界。

的确，世界很大，而我们太渺小，我们无力改变全世界，但是有心就可以改变自己。

列夫·托尔斯泰说：大多数人想改造这个世界，但却极少有人想改造自己。

卡耐基说：“永远不要试图控制别人、别的事，但要学会控制自己。一个人不应留意他人的过失、他人所完成或未完成的事，而应注意本身的行为是否妥当。重要的不是看着远方模糊的东西，而是着手去做手边最重要的事情。”

人有很多状态，不同的状态带来不同的效果和不同的结果，同时也就决定了你与世界（社会）的关系，即确定了你的位置。

在品牌连锁店这个系统中，作为一名店员必须要明确自己的位置和所在位置的状态。因为你对自己的定位不准，就会出现错位、空位的现象，而同时，你在自己的位置上不能发挥自己的应有作用，一样会造成整个系统的紊乱。

改变自己，首先要认识自己的状态、自己的位置。这就像一个雕刻工匠，必须要了解自己要什么，然后根据手中的工具和石材的形状实现自己想要的“作品”。

一个对自己都不了解的店员，是不能对自己做出改变的。这就像一个在黑夜迷失方向的人，不知道自己身在何方，总是担心走路越多，差错越多。

十九世纪三十年代，初秋的一个早晨，天气微冷。

在位于日本东京目黑区田桥不远处的公园里，早晨的阳光斜照在公园的一个长椅上，一个只有1.45米的矮个子青年从酣睡中醒来，他把脸上的报纸掀开，从凳子上爬起来，用免费自来水洗漱完毕，便从容地从这个“家”徒步走出，开始了一天的工作。

他是一家保险公司的推销员，因为收入低，入不敷出，房东终于不能忍受7个月的房租拖欠，把他扫地出门。

他不得不在公园的长凳上睡觉，这样的日子已经坚持了两个月。

为了省钱，他甚至不吃中餐、不搭电车。他做梦都想改变现在的困境，他虽然每天都在勤奋地工作，但财富依然距他很远。

一天，落魄的年轻人来到一家名叫“村云别院”的佛教寺庙，礼貌地问道：“请问有人在吗？我是明治保险公司的推销员原一平。”

“请进来吧！”

听到“请”字，年轻人欣喜若狂，因为在此之前，一听到推销保险的，10个顾客中有9个把他拒之门外，有时即使有人会让他进门，态度也相当冷漠，似乎有些蔑视。

村云别院的住持名字叫吉田胜逞，是日本当时的一位高僧。

原一平进门后，便开门见山、口若悬河、滔滔不绝地推销保险，劝说老和尚投保。

等原一平说完后，老和尚平静地说：“听完你的介绍之后，丝毫没有引起我投保的兴趣。”

原一平愣住了，刚才还信心十足的他，一下子像泄了气的皮球。

老和尚对原一平注视良久，接着说："人与人之间，像这样相对而坐而视的时候，一定要具备一种强烈吸引对方的魔力、魅力，如果你做不到这一点，前途堪忧。年轻人，先努力改造自己吧。"

"改造自己？"原一平莫名其妙，不解地注视着老和尚。

"是的，要改造你自己。你在替别人考虑保险之前，必须先考虑自己，认识自己。"

"请问高僧，我该如何去做呢？"

"说起来简单，做起来困难。去请教别人吧！"

"请教别人，请问如何请教呢？"

"就从你那些投保客户开始，你诚恳地去请教他们，请他们协助你认识自己。我看你有慧根，倘若照我的话去做，他日必功成名就。"

吉田和尚的一席话，犹如当头棒喝，把原一平点醒了。他若有所悟地告别了吉田老和尚。

从寺庙回去后，原一平将老和尚的话反复咀嚼，决定彻底改变自己。于是，他开始每月一次，每次请5个同事或投了保的客户吃饭。为此，甚至不惜"倾家荡产"，目的只为让他们指出自己的缺点。他的第一次"批评会"就使他原形毕露：

——你的个性太急躁了，常沉不住气。

——你的脾气太坏，而且粗心大意。

——你太固执，常自以为是。这样容易失败，应该多听听别人的意见。

——对于别人的托付，你从不知道拒绝，这一缺点务必改正，因为“轻诺者必寡信”。

——待人处事千万不能太现实、太自私，也不能耍手段、耍花招，一切都应诚实。人与人之间的关系，只有诚实才会维持长久。

……

他看着客户吃着自己提供的饭菜，听这顾客和同事的“挖苦”，脸上红一阵白一阵。他把这些逆耳之言都一一做了笔记，随时反省激励自己。

每一次“批评会”后，原一平都有被剥了一层皮的感觉，他把自己身上的劣根性一点点剥落下来。

功夫不负有心人。

1939年，年轻人的保险销售业绩终于荣膺全日本之最，并从1948年起，连续15年保持全日本销售第一的好成绩。

1968年，年轻人成为了美国百万圆桌会议的终身会员。

美国著名作家奥格·曼笛诺称原一平为“世界上最伟大的推销员”。

在希腊帕尔纳索斯山南坡上，有一个驰名整个古希腊世界的戴尔波伊神庙。这是一座石造建筑物，它的起源可以回溯到三千多年前。就在这个神托所的入口处，文献上说人们可以看到刻在石头上的两个词，用今天的话来说，就是“认识你自己”。

★积极乐观的思考

在对待同样一个问题，悲观者总是看到绝望，而乐观者却看到希望。

事实上，命运在给我们出难题时，同时也给了我们答

顶级店员智慧

事实上，命运在给我们出难题时，同时也给了我们答案。悲观者看到的是无法可解，乐观者却看到一题多解。

案。悲观者看到的是无法可解，乐观者却看到一题多解。

店员的好心态是春风化雨，时时刻刻激励着身边的同事积极奋进；而消极的心态是羊群中的瘟疫，给同事带来负面的信息。

那么，店员如何保持好心态？

◎全力以赴

有一天猎人带着猎狗去打猎，一只兔子被猎人打中了腿。猎狗去追兔子，结果猎狗无功而返，而兔子却逃回了家。

猎人问猎狗："你怎么没有追上兔子？"

猎狗回答："我已经尽力了。"

而兔子的家人问兔子："你怎么逃脱的？"

兔子回答："我全力以赴地逃。"

对待事情，不同的方式却导致不同的结果。虽说都是在努力，而结果却相差很远，这就是努力程度的不同而造成的。

在一些品牌连锁店中，有些店员的跳槽频率相当大，他们由于"这山望着那山高"的心理作用，在平时的工作中精力不集中、不努力，这样的结果就是：平时不努力工作，失业后努力找工作。

一位品牌连锁店的店长在描述自己心目中的理想店员时说："我们所急需的人才，是意志坚定，工作起来全力以赴，有进取精神的人。我发现，最能干的大体是那些天资一般，没有受过高级教育的人，他们拥有全力以赴的做事态度和永远进取的工作精神。做事全力以赴的人获得成功几率大约占到九成，剩下一成的成功者靠的是天资过人。"

做什么事情，你都不能认为是在给别人打工，你不应

顶级店员智慧

平时不努力工作，失业后努力找工作。

该有任何的理由和借口，你必须全力以赴。

一个企业经营者做事一定是全力以赴的，因为他知道，如果他不能创造利润，企业就会破产，所以他会全力以赴。他也想睡觉，他也想休息，他也想陪家人，但是他却停留在市场上，因为他知道，如果某个机遇抓不住，所有他想要的都不会有好的结果，他就不能成功。

无论做任何事，都要竭尽全力，因为它决定一个人日后事业上的成败。

全力以赴地投入工作需要满怀热忱。没有对工作的热忱，他就无法全身心地投入工作，就无法坚持到底，对成功也就少了一份执著；有了对工作的热忱，在执行中就不会斤斤计较，不会吝啬付出和奉献，不会缺乏创造力。

一个店员一旦领悟了全力以赴地工作能消除工作辛劳这一秘诀，他就掌握了打开成功之门的钥匙。能处处以主动尽职的态度工作，即使从事最平庸的职位也能增添个人的荣耀。我们不应该抱有“我必须为老板做什么”的想法，而应该多想想“我能为老板做些什么”。

全心全意、尽职尽责的敬业精神，体现在习惯中就是比自己分内的工作多做一点，比别人期待的更多一点，如此可以吸引更多的注意，给自我的提升创造更多的机会。

◎以和为贵

在美国的一个传统市场里，有一位中国妇人的摊位生意特别好，这引起其他摊贩的嫉妒，大家常有意无意把垃圾扫到她的店门口。

这位中国妇人本着和气生财的道理，不予计较，反而把垃圾都清到自己的角落。

旁边卖菜的墨西哥妇人观察她好几天，忍不住问道：“大家都把垃圾扫到你这里来，为什么你都不生气？”

中国妇人笑着回答：“在我们国家，过年的时候，都会把垃圾往家里扫，垃圾越多就代表会赚更多的钱。现在每天都有人送钱到我摊位上，我怎么舍得拒绝呢？你看我生意不是越来越好吗？”

从此以后，那些垃圾就不再出现了。

包容，宽容，和和气气对待同事，可锻炼涵养，还可以赢得更多人尊敬。

俗话说：“忍为贵，和为高，怒气未必冲九霄。事要三思多忍让，柳暗花明路千条。”

中国古代圣贤擅长把不同的事物联系起来进行研究，注重人与人之间的和谐，人与群体之间的和谐，群体与群体之间的和谐乃至人与自然的和谐。

据说在远古的时代，世界是一派混沌，模糊一团。其中心的位置，孕育出人类的始祖盘古代。盘古孕育成熟后，制造了一把巨斧，劈向一片混沌，做出了开天辟地的伟大壮举。混沌中清且轻的部分往上升，越升越高，成为高远的蓝天，浊且重的部分不断往下降，越降越低，形成了广袤的大地。这是中国古代传说。

在古代中国人看来，天与地乃至天地之间的万物，原本是浑然一体的。所以，相互之间，应该以和为贵，家和万事兴。天时不如地利，地利不如人和。乃至天人合一。

从而，单纯地谈“以和为贵”，没有多大意义。努力具备“和”之美德，努力提高自身的“和”之境界，努力把握“和”之规律，追求与他人的和谐，追求与事业的和谐，追求与自然的和谐。“和”，为我们提供了广阔的天地。

只有注重“和”的精神的组织和团队，才能创造高效率。我们可以想象，在一个品牌连锁店里，店员之间互相拆台、互相打小报告、互相指责……这样的团队是不堪一击的，只有那些互相帮助、互相支持、互相鼓励的团队成员才可以不断胜出。

◎**学会满意**

从前，有一位画家想画成一幅人人见了都喜欢的画，画毕便拿到市场上展出，旁边放了一支笔，并附上了说明：请每一位观赏者对画中欠佳之笔标上记号。

晚上，画家取回了画，发现整个画面都涂满了记号，没有一笔不被指责的。

画家十分不快，决定换一种方式。他又临摹了一张同样的画拿到市场上展出。这一次，他要求每位观赏者将其最为欣赏的妙笔同样标上记号。

当画家再取回画时，他发现画面又被涂遍了记号——那些曾被指责的笔划，都换上了赞美的标记。

画家终于明白，在一些人看来是丑恶的东西，在另一些人眼里则恰恰是美好的。

别人对你的评价往往是众说纷纭的，最好的方式就是自己满意。如果连自己都不满意的事情，就是被别人捧上了天又能怎样呢？

一个店员要使自己的生命充实，就要有真正的梦想。只要你把自己真正喜欢做的事尽量做得完美，你就会感到充实和踏实。

让自己满意，这就是成功的真谛。即使屡遭挫折，也要有一颗坚强的、百折不挠的心，这就是成功的秘密。

居里夫人说过：“一个人应当有恒心，尤其要有信心。”

满意自己也就是肯定自己，悦纳自我，形成对自我的积极认识。满意自己是成功的精神动力。满意自己的机会，满意自己的能力，满意自己的运气。

顶级店员智慧

居里夫人说过：“一个人应当有恒心，尤其要有信心。”

顶级店员智慧

只有满意自己才是成功的起点。因为只有满意自己，才能光彩焕发、精神饱满，工作起来才能得心应手、应付自如、充满活力。

★行为决定作为

美国前总统富兰克林在没有登上总统宝座之前，有一个不好的行为：凡事太爱争强好胜，动不动就和别人打嘴皮官司，始终跟人难以相处。

因为这个行为使富兰克林失去了很多朋友。他觉悟之后，马上就着手改变自己的行为举止，他列出了一个清单，把自己个性上，他认为的那些不良行为一一列在上面，并且从最致命的不良行为开始，一直纠正到不足挂齿的小毛病为止。

当他把自己的毛病全部删除完毕的时候，良好的行为遍布全身，如去倾听、去赞扬、站在别人立场上想问题、去爱、多付出等等。结果，他变成了美国历史上最受尊敬和爱戴的总统之一。

习惯决定行为，行为产生结果。

这就是习惯的作用。当我们每天重复做相同的一件事情时，那件事情就会成为习惯。所有的习惯都是养成的，良好的习惯同样也是养成的。

改变习惯就是改变行为，行为改变，自己的命运就可以改变。

当你调整状态，改变自己时，你与世界交换的物质，能量，信息必然发生变化，你与世界的关系（结构量）就变了，你在社会生活中的位置就已经发生了变化。

同时，世界（社会系统）也必然要做出反应，以适应新的关系——你的变化。

世界，就这样被改变了。

美国一些学者的研究结果表明：一种真正以友谊待人的态度，引起对方友谊反应的比例高达60%~90%。

这说明：

你用什么样的行为状态对待别人，别人就用什么样的行为状态对待你。

你用什么样的行为状态对待生活，生活就怎样对待你。

改变自己，实质就是改变自己对世界的看法。

改变世界，实质就是改变世界对自己的评价。

心态影响人的行为状态，行为状态影响做事情的品质和结果，这些大大小小的结果就是你的命运结果，之后结果又对心态发生作用，人的一生就这样在“心态、行为、结果”中轮回反复。如图：

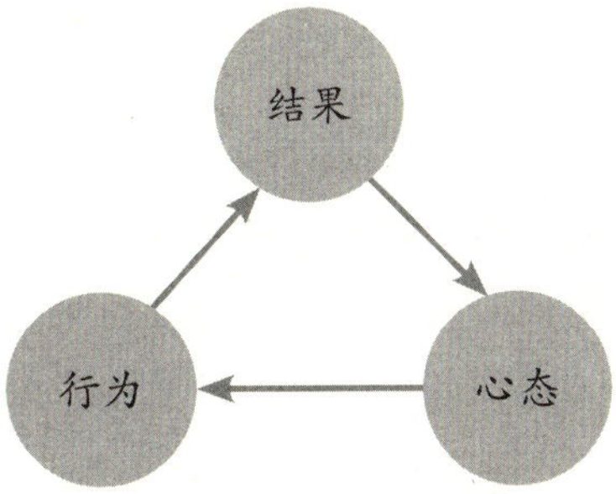

【图】行为决定结果

我认为，一名店员成功的欲望再强烈，也会被不利于成功的习惯所撕碎，而溶入平庸的日常生活中。所以说，思想决定行为，行为形成习惯，习惯决定性格，性格决定命运。

你要想成功，就一定要养成积极正面的思想。

顶级店员智慧

改变自己，实质就是改变自己对世界的看法。

改变世界，实质就是改变世界对自己的评价。

你要想成功，就一定要养成积极正面的思想。

顶级店员智慧

古代有个国王，梦见山倒了，水枯了，花凋谢了，便叫王后来解梦。

王后说："大事不好，山倒了指江山要倒；水枯了指民心分离，君是舟，民是水，水枯了，舟也不能行了；花谢了指好景不长了。"国王惊出一身冷汗，从此患病，且越来越重。

一位大臣要参见国王，国王在病榻上说出他的心事，哪知道大臣听了大笑说："太好了，山倒了指从此天下太平；水枯了指真龙活现，国王，你是真龙天子；花谢了。花谢见果子呀！"国王听了以后，全身轻松，很快大病痊愈了。

我们每个人都生活在大千世界中，每个事物都有它的两面性，有积极的，有消极的；有乐观的，有悲观的；有客观的，有主观的。无论是什么情况都要保持正确的世界观和人生观，且不可被一时一事的事物搞的一叶障目，引起心理的变化。

哲学上说的任何事物都有两面，是指事物都有积极的一面和消极的一面，并不是我们现实中认为的能看到的如硬币，钞票等的两面，并不非指有形的，你做一件事也具有两面，好的和坏的，但是你看不到。唐朝大臣魏征说过：水能载舟，亦能覆舟，就是说的水的一个两面性。

很显然消极的心理就会导致消极的行为，积极的心理就会导致积极的行为。在连锁店工作的店员如能时刻用积极的心态面对每事每物，那一定可以创造高绩效。

顶级店员智慧

3 创造最佳价值

★明确工作目的

不论做什么工作，最忌盲目，漫无目的。

为公司创造价值、为顾客创造价值，为同事创造价值是店员最基本的意识。

顶级店员要“创造服务价值”，围绕这个要素和目标，店员的工作才有目的性。

要想清楚如何成为一名最有价值的店员？首先要明白一个问题：你的工作目的是什么？

· 工作的第一层目的：赚钱生存。
· 工作的第二层目的：活得更好。
· 工作的第三层目的：找到归属。
· 工作的第四层目的：得到尊重。
· 工作的第五层目的：实现自我。

如图：

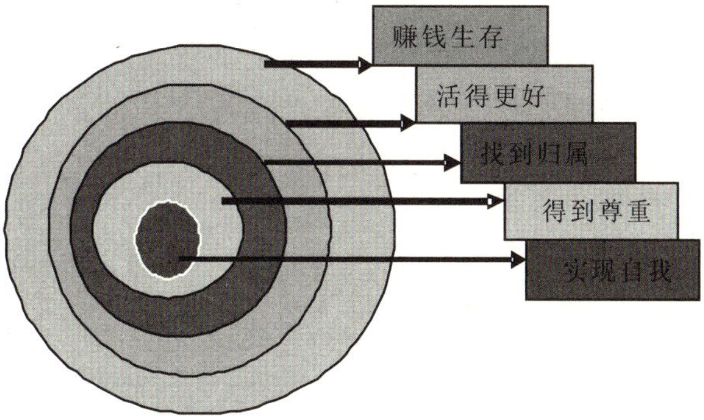

【图】工作的目的

每个人的工作目的虽然不同，但都很难逃过其中之一。所以，你是在为自己工作！我们终于找到了“为什么工作”的理由。

那么，如何在工作中最大限度地发挥自己的价值，同时为他人和公司创造价值呢?

◎**工作尽责**

顶级店员不仅仅积极完成本职工作，还主动去找工作做。

只有尽职尽责才能体现对事业的忠诚和热爱。当你有了这个意识，你就会感到你是为自己在做事情，你所做的一切都是超价值的。

尽责可以从两个层次来理解：一是按部就班地工作，主管交给多少任务就完成多少任务，既不少干也不多干；二是创造性地工作，高标准地完成任务。

显然，店员应该从第二个层面理解尽责的内涵。只要是品牌连锁店赋予的、顾客和同事需要的，无论什么样的任务都勇于承担，并高标准、高质量地完成。

责任是为人之本，高度的责任感是做好一切工作的前提。事实证明，店员责任心强，基础差、底子薄的品牌连锁店也能慢慢出成绩；店员责任心弱，发展势头很好的品牌连锁店也迟早要走下坡路。

尽责必须以能力素质为基础。能不能很好地尽职尽责，很大程度上要看是否具备良好的能力素质。强烈的责任感同卓越的能力素质结合起来，才能做出成果，做出成绩。

◎**保持热忱**

人的一生一定要努力保持自己的热忱。

热忱是保证价值持续的动力，只有热诚的工作才可以保持长久的业绩成长。

顶级店员智慧

顶级店员不仅仅积极完成本职工作，还主动去找工作做。

店员责任心强，基础差、底子薄的品牌连锁店也能慢慢出成绩；店员责任心弱，发展势头很好的品牌连锁店也迟早要走下坡路。

一位妈妈在厨房洗碗，她听到小孩在后院蹦蹦跳跳玩耍的声音，便对他喊道："你在干吗？"小孩回答："我要跳到月球上！"你猜妈妈怎么说？她没有泼冷水，骂他"小孩子不要胡说"或"赶快进来洗干净"之类的话，而是说："好，不要忘记回来哦！"这个小孩后来成为第一位登陆月球的人，他就是阿姆斯特朗。

顶级店员智慧

感恩是一种美德；感恩是一种回馈；感恩是一种生活态度；感恩是一种处世哲学；感恩是生活中的大智慧。

"热忱"就是一种热情，一种对人的热情、对事情的热情、对学习的热情，还有对生命的热情。人的热忱如果被浇熄了，就如同缺少引擎的汽车。

劳力士能在今天的世界表坛享有盛名，这与安德烈·海尼格（AndreJ.Heiniger）的灵感和热情分不开。

安德烈·海尼格（AndreJ.Heiniger）忠实地继承劳力士创始人的事业，以极大的热情不断提高质量和技术革新，为公司带来了新的气息。他跑遍世界各个角落，开拓新市场。他有着惊人的预测力，决定在各大洲的主要城市建立分行，这在当时是个创举。

热忱是一种持续的心理状态，能够鼓舞和激励一名店员对手中的工作不断地采取行动。不仅如此，它还具有感染性，不只对其他热心的同事能产生重大影响，所有和它有过接触的人都会有心理感应。

◎感恩的心

不会感恩的店员得不到更多的支持，你的成功不是你一个人的功劳，所以经常感谢帮助你的人，甚至给你伤害的人，你会越来越有价值。

我们需要有一颗感恩的心，对父母，对朋友，以及那些帮助过你的人。

感恩是一种美德；感恩是一种回馈；感恩是一种生活态度；感恩是一种处世哲学；感恩是生活中的大智慧。

顶级店员智慧

二十一世纪的竞争是人才的竞争。所谓人才，就是要德才兼备，更是一个具有高素质、具备多方面专业知识的人。

人生于天地之间，戴天地之大恩，时时保有一颗感恩的心最为可贵。

古人早就懂得这一点，一首《悯农》令多少人动容：

一饭一粥，当思来处不易，一丝一缕，恒念物力维艰。

拥有感恩的心，你会更加爱父母，更加孝顺他们。是他们给了我们生命，使我们能够在人世间经风雨，见世面，建功立业，这一切都是父母所赐。

拥有感恩的心，你会更加爱公司，更加喜欢你的同事。是公司给了我们建功立业的平台，使我们能够在竞争的环境中成长。

★学习新知识

在如今，不论各行各业，每一名员工都向职业知识化，操作技能化全面发展。

在各行各业的体系中，都在提倡“创建学习型组织”，努力把“必须学习”的员工改变成“我要学习”的一群。

从这样意义上说，学习已经成为任何组织和个人生存下去，或者生存得更好的前提。

我们正在跨入的二十一世纪，是知识经济世纪，知识将最大限度地决定经济发展，民族进步，国家富强，以及人类文化的提升。知识是推动发展的最重要工具，改变命运的机会就掌握在我们自己手中，知识改变命运。

迈入二十一世纪的我们，也是幸运者，但同时毫无疑问也是各种挑战的承担者。毋庸置疑，二十一世纪的竞争是人才的竞争。所谓人才，就是要德才兼备，更是一个具有高素质、具备多方面专业知识的人。

在这个信息高速发展，竞争日益激烈的社会中，想要出人头地，想要在竞争的大潮中站稳脚跟，想要使自己普通的生活更有品质，知识——特别是这个社会所需的专业知识是必不可少的，重中之重。

◎知识员工与无形资产

知识员工就是那些创造财富时用脑多于用手的人们。他们通过自己的创意、分析、判断、综合、设计给产品带来附加值。

在一个静态的世界里，学习的必要性不是很大。但是，在一个动态的世界里，学习是永无止境的。公司需要连续协调地促使员工增加知识储备，那些走在前面的知识汲取者也正是竞争优势的创造者。

在如今的社会，由于知识在不断增加，不断专业化。在许多学术领域，知识是如此博大，只有深入学习才能精通，在品牌连锁店工作也是如此。

◎学习方式

店员的学习计划由两部分组成：正规培训和非正式学习。如图：

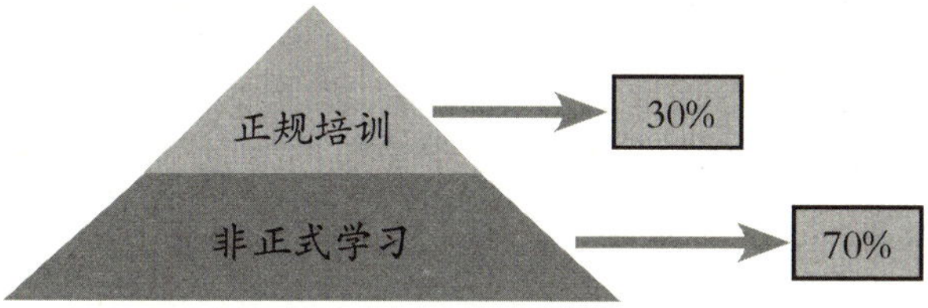

正规培训由品牌连锁店组织，也可以参加一些公开课程，这占个人学习比例的30%。

非正式学习和培训是有差别的，并不是只有培训才是学习。

顶级店员智慧

无论事情大小，如果总是试图投机取巧，可能表面上看来会节约一些时间和精力，但结果往往是浪费更多的时间和精力。

美国劳动部和马萨诸塞州的牛顿劳动力发展中心，公布一项重要研究：70%的现场学习是非正式的。

速度和创造是使店员成为“知识员工”的两个特点，为挖掘个人的智力资本，使其保持持续的竞争能力，认识“非正式学习”很重要。

非正式学习在于平时细心和积累，可能更多来自生活和工作。在正规课堂没有解决的问题，可能在平时的生活中，一个偶然的启示，便茅塞顿开。

★努力去做

一只幼蝶在茧中艰难挣扎，你用剪刀帮它将茧剪掉，让它轻易地从中出来，过不了多久，你就会发现，它竟然死掉了。因为幼蝶在茧中挣扎的生命过程是它来到世上生存的不可缺少的一部分，是为了让它的身体更加结实、翅膀更加有力，而这种投机取巧的方法只会让其失去生存和飞翔的能力。

那些试图绕过勤奋，寻找成就的店员，总是被排斥在成功的大门之外。

投机取巧会使人止步不前，无所事事会令人原地踏步，只有勤奋刻苦地工作才是成功的捷径，才能给人带来真正的幸福和乐趣。

有些店员本来具有出众的才华，很有培养前途，但因为在工作中好逸恶劳，后来也就无法取得成就。

工作中的各种实例生动地证明了这样一个道理：

无论事情大小，如果总是试图投机取巧，可能表面上看来会节约一些时间和精力，但结果往往是浪费更多的时间和精力。

顶级店员智慧

一旦养成投机取巧的恶习，一名店员的品格会大打折扣。

做事不能善始善终的店员，其心灵亦缺乏相同的特质。他因为不会培养自己的个性，意志无法坚定，因此无法实现自己的任何追求。

一面贪图享乐，一面又想进步，这是违背了“鱼与熊掌不可兼得”的常识。这样的店员自以为可以左右逢源，不但享乐与进步两头落空，最终后悔莫及。

古罗马人有两座圣殿：一座是勤奋的殿堂；另一座是荣誉的圣殿，他们安排座位时有一个不变的秩序，那就是必须先经过前者才能达到后者，后者是不可舍弃的。

从某种意义上说，在一个方向上一丝不苟，也比草率分心、往多个方向发展可取。因为做事一丝不苟能够迅速培养品格、获得智慧，加速进步与成长；尤其是它能带领人往好的方向前进，鼓舞人不断追求进步。

检验人的品质有一种标准，那就是工作是否能全神贯注，进入一种忘我的工作状态。无论你的工作地位如何平庸，如果你能像那些伟大的艺术家投入其作品一样投入你的工作，所有的疲劳和懈怠都会消失殆尽。

一位先哲说过：“如果有事情必须去做，便积极投入去做吧！”另一名明师则道：“不论你手边有何工作，都要尽心尽力地去做！”

勤奋的工作状如一块强有力的磁石，如同花蜜吸引蜜蜂一样，将他人吸引到自己身边。如果你面对世界展现出积极向上的心态，你的朋友和同事就会自然而然地聚集在你周围。你的热情会感染他们，影响他们，也给自己提供了一个更好的发展机会。

顶级店员智慧

即使你天资一般，只要勤奋工作，就能弥补自身的缺陷，终究成为一名成功者。

投资才有可能成功，投机绝对不会长久的成功。

事无大小，竭尽心力，力求完美，是成功者的标记。

大凡有所作为之人，都是那些力求完美的人。他们为世界创立新标准、新理想，肩负着团队进步的旗帜！

作为一名店员，你更要相信，勤奋是检验成功的试金石，即使你天资一般，只要勤奋工作，就能弥补自身的缺陷，终究成为一名成功者。

如果我们不仅仅把工作当成一份获得薪水的职业，而是把工作当成用生命去做的事，自动自发，全力以赴，我们就可能获得自己所期望的成功。

成功者和失败者的分水岭在于成功者无论做什么，都会努力去做，丝毫不会放松，成功者无论做什么职业，都不乏刻苦勤奋的精神。

4 偏执狂才能生存

★不抛弃，不放弃

坚持职业精神，面对形形色色的诱惑，要完全秉持职业精神肯定是短期会吃亏的。但是，正如很多成功者在职业生涯中所见，最后攀上顶峰的也全部都是这样“不抛弃，不放弃”的人。

投机取巧者最后都半途落马，暴发户终究成不了真正的贵族。从这个意义上讲，出色的店员无论对职业还是对人生，都是抱着投资的态度而不是投机的态度。投资才有可能成功，投机绝对不会长久的成功。

生命的奖赏远在旅途终点，而非起点附近。

店员的工作有时候看起来非常乏味，每天接待顾客、推销商品、处理顾客投诉……但这一切构成了店员的全部工作内容，假如没有这一切的发生，店员的本身也就失去了意义。

店员对待自己的工作就是要不离不弃，只有如此才可以在“店员生涯”中积累经验和财富。那些品牌店中的卓越者，都是由于坚韧而造就的。

世界上一切伟大事业，都在不离不弃的坚持中完成的，当别人开始放弃无法再做时，他们却仍然坚定地去做。他们做事时总是埋头苦干，直到成功。

有一些店员在开始从事店员的工作时充满热忱，但因缺乏坚韧与毅力，没做一个月就放弃了，有始无终。任何事情往往都是开头容易而完成难，要考察一个店员做事成功与否，要看他有无恒心，能否善始善终、坚持不懈。

持之以恒是我们每个人都应该具有的美德，也是完成工作的要素。有人在对从事品牌经营的老板推荐店员时，举出了某人的许多优点，那老板对那人问道：“他能保持这些优点吗？”

这的确是个最重要的问题。首先是，有没有优点？然后是，有了优点，能否保持？遇到失败，能否坚持不懈？

要想让水沸腾，就一定要把水烧到100摄氏度。即使把水加热到100摄氏度，依然不能把水变为沸腾。如果你没有成功，那说明你的温度还不够。一个有坚强意志力的店员，就有创造的力量。

信念这玩意不是说出来的，是做出来的。光荣在于平淡，艰巨在于漫长。

每天的工作其实做久了都枯燥，长路无轻物，所以，坚韧才是体现一个真正职业人士精神的所在。能不断重复地做好每一件事，才是真正的职业人士。成功就是简单的事情不断重复地做，这说来简单，做起来不易。

日常生活中，很多年轻人最初非常热衷于自己的店员工作，但是，往往就在一夜之间，他们竟然放弃自己原有的

顶级店员智慧

信念这玩意不是说出来的，是做出来的。光荣在于平淡，艰巨在于漫长。

顶级店员智慧

成功者做的每件小事就好像抓住一棵救命稻草一样，到最后他才发现，他抱住的已经是参天大树了。

工作，而去进行其他的事业。他们常常在怀疑，自己是不是处在一个恰当的位置上？自己的才能怎么加以利用才会更有价值？面对困难，有时他们会感到灰心，甚至沮丧，或者当他们听到了某位同学、或者曾经的同事成就了某项事业，便开始埋怨自己，为什么不也去做同样的事情呢？

成功者做的每件小事就好像抓住一棵救命稻草一样，到最后他才发现，他抱住的已经是参天大树了。如果一个人经常放弃一贯期待的目标，那他绝不会成为一个成功者。想要使自己的生命具有特殊的意义，并与众不同，那就要不抛弃，不放弃。无论要面临多少艰难曲折，都不要放弃成功的希望和志向。

★做有意义的事

好好活，就是做有意义的事，做有意义的事情，就是好好活。

世界上有三百六十行，行行可以出状元。

很多店员认为自己所从事的工作是低等的、不入流的。有这样想法的店员，显然是没有认清工作本身的意义。

其实，从服务角度来说，每个人都是服务者：国家总统是全国公民的服务者；公司的老板是全公司最大的服务者；父母是孩子的服务者。

我们的生活环境就是由无限个“服务圈”互相重叠、互相支持而存在。农民生产粮食，工人把粮食加工成美味食品；商人把食品推销给市场；消费者满意商人的商品从而购买。从这个环节来看：农民是工人的服务者，工人是商人的服务者，商人是消费者的服务者。

我们每天都在享受着他人的服务，享受服务就要付出代价，不论是金钱或者其他。

假如你是一个“瘾君子”，每天吸烟三包，忽然有一天你感觉不平衡了：心中在想，凭什么我要购买你的香烟，我要自己开一个香烟工厂，从采购原料、生产、销售……来一个“一条龙”生产。

我想：生活中这样的人可能有，但你不可能为了吃一顿“麦当劳”就开一个“麦当劳”店；你不可能为了拥有一台彩电，就开一个电视工厂；你不可能为了喝啤酒就努力开一家啤酒屋。我们只需认可别人的服务，之后付出我们的服务，我们就可以得到所需。

所以，每个人从事的工作都是有意义的，一个生产汽车的工厂，或许高高在上的总裁令人仰慕，但工厂车间的一个工人只是生产一个螺丝，但汽车缺少了那个螺丝，就不能组装出厂，汽车不能组装出厂，公司就不能销售汽车，之后就没有利润，没有利润的公司，那总裁也就没有什么“趾高气扬”。

所以，不要轻视自己和自己所从事的工作，每个人都是你的顾客，同时，你又是每个顾客的顾客；每个人都是你的老板，同时，你又是每个人的老板。

如果我们这样想，心中的不平就会淡化，就会用一种“自我陶醉”的心情做自己的工作。这时候，你就发现：为顾客服务有意义，顾客给我们带来利润；为同事服务有意义，同事随时给我们最大的支持。

在生活中，我们随时用天使的眼睛看待事物，而不是用魔鬼的眼睛看待事物，我们就会发现宝藏随时可见，快乐萦绕身边。

★玩命精神

你玩命了，你的班长也得玩命。每个公司，每个层级的干部，包括高级管理层，都有混的人存在。有时候，也不要因为你的上司不玩命，你就不玩命。你是为自己而活

顶级店员智慧

群众的眼光永远是雪亮的，知道哪些人是玩的，哪些人是玩命的。

而工作，而不是为上司。你真正有能力，没有人能挡得住你。群众的眼光永远是雪亮的，知道哪些人是玩的，哪些人是玩命的。

女子柔道教练刘永福在一次被采访时说：“如果一名运动员拿出玩命的精神来，那可谓一夫当关万夫莫开。”

运动员参加比赛需要玩命精神，推销员开拓市场需要玩命精神，商人做生意需要玩命精神，出色的店员能作出好成绩需要玩命精神。

玩命精神就是一种勤奋精神。

勤奋主要包括平常的努力和关键时期的拼搏。平常努力主要是为了积蓄实力，而拼搏或拼命，主要是为了充分发挥实力。拼搏或拼命，都有助于充分发挥个人潜能及提高竞争力。

缺乏拼搏精神的店员，不可能有很强的竞争力。关键时期，一般性的努力通常不能取得好的效果，只有拼搏才可能取得满意的效果。特别是在竞争的关键时刻，只有拼搏才可能取得胜利。

对多数店员而言，平常必须努力，紧要时期就要拼搏乃至拼命。就如参加比赛一样，平常努力有利于打下优良的基础，比赛时（关键时期）拼搏，在决定胜负的关键时刻里更要拼搏，只有这样，才有可能取得胜利。

我国乒乓球运动员从20世纪60年代起，就一直雄踞世界乒坛最前列，特别是90年代，几乎处于绝对的优势，靠的是什么呢？无非就是平常极度努力，比赛时奋力拼搏。

一位名叫沃格尔的美国人曾写过一本书，叫《日本名列第一》。这本书中，他将日本战后的迅猛发展与日本人的“玩命”精神联系在一起，认为正是日本人的“勤敏好学”、“不达目的绝不罢休的干劲”、“完成任务、履行职责的严肃态度”，使他们创造出了一个又一个人间奇迹。

日本人工作起来像玩命，加班加点是家常便饭，放弃节假日休息也不算稀罕。一位在日本生活了几年的朋友介绍说。根据官方统计，至今日本每人年劳动时间比德国多547个小时，比法国多542个小时。工作时，日本人严格照章办事，有什么拿不准的，马上转身去请示，既不拖延，也不想当然地自作主张，自行处理。而且，今日事今日毕，尽量把当天能够解决的问题全都解决，以便第二天早晨一上班，就能进入对最新问题的考虑和处理。

上班时，一般不打私人电话，不聊天，不做私事。即使公司业务不多，真的闲下来，就看看有关的书籍，丰富知识；或是走出去调查，访问客户；或者和协作企业开研讨会、联谊会什么的。

对大多数成功与失败而言，成败早已在平常决定了，只有少数成败是由关键时期决定的，只有极少数成败是偶然造成的。可见，只有在平常努力奋斗，在关键时期拼搏，成功才有较好的保障。

然而，有些店员有一种不良的倾向，就是平常不大努力，直到处于形势不好时才会努力，这时已很难挽回败局，即使最终挽回了，也付出了惨重的、不该付出的代价，令人十分痛心。另外，有些店员在关键时刻的拼搏精神也有些不够，因此，许多拼搏一下就可得到的东西，却常常没有得到。

顶级店员智慧

顶级店员智慧

别混日子了，小心日子把你们给混了。

5 优秀好店员

★坚决不混日子

别混日子了，小心日子把你们给混了。

混日子你会感觉自己赚了，但是长久看来，混久了终究是把自己给混了。混日子的人，没见过一个现在还在挑大梁。你可以选择现在混，但时间对你的酬劳是日子会混你。

九十年代“下岗”一词很是流行，很多曾经红极一时的企业纷纷倒闭。那时有人形容混日子的人：一杯茶，一根烟，一张报纸看半天。

时代的巨轮不会因为某个人的止步而停止转动，当竞争越来越激烈的时候，当年混日子的“潇洒一群”不得不面临失业的考验。

很多时候，在连锁店工作比较久的店员容易出现麻木状态，他们甚至成了连锁店里的“老油条”，知道什么时候可以偷懒，知道怎样“偷工减料”的工作。

如果一个店员没有更适合自己做的工作，那么，就应该专心的对待自己目前的工作。用一颗敬业的心努力创造绩效。

品牌专卖店的特点就是女性员工多，而女性员工最大的一个特点是心眼多，她们老是在想，别的品牌报酬如何，男朋友今天怎么样？总之，员工不能把工作做好的原因是因为用心不专一，这也是产生混日子的原因之一。

我们经常可以发现出色的店员对待工作以勤，对待工作敬业，对待老板以忠诚，对待自己有自信。

工作时混日子会伤害雇主，但伤害自己更深。如果你永远保持勤奋工作态度，你就会得到多数人的称许和赞扬，就会赢得上司的器重，同时也会获得更多的升迁和奖励的机会。

工作中，一些店员把工资看成他们衡量一切的标准，盲目与人攀比，这种思想要不得。无论薪水高低，工作中尽心尽力、积极进取，能使自己得到内心的平安，这往往是事业成功者与失败者之间的不同之处。

贪图安逸将会使人堕落，无所事事会令人退化，勤奋是最高尚的，只有经历艰难困苦，才能获得世界上最大的幸福，才能取得最大的成就：只有经历过奋斗，才能取得成功。

不混日子的敬业精神和态度，表面上看起来有益于公司和老板，但最终的受益者却是自己。当我们将敬业变成一种习惯时，就能从中学到更多的知识，积累更多的经验，能从全身心投入工作的过程中找到快乐，你也就比他人更容易成功。

敬业，顾名思义就是要求我们必须以认真负责的态度看待工作，无论做何事，必须竭尽全力，处处以主动尽职的态度工作，即使从事最平凡的职业也能增添个人的荣耀。

如果你是老板，你对自己今天所做的工作完全满意吗？别人对你的看法并不重要，真正重要的是你对自己的看法。回顾一天的工作，扪心自问一下，我是否付出了全部精力和智慧？

做事认真负责是一种职业的忠诚，是承担某一责任或者从事某一职业所表现出来的敬业精神。一位成功学家说：“如果你是忠诚的，你就会成功。”

我始终坚信一个人最大的敌人就是其自身，一些人一方面展望美好的人生目标，另一方面却不断抱怨自身的处境，将所有原因全部归咎于他人，人只有真正懂得思想的巨大作用，环境就不会成为失败的借口了。

不混日子，就是认真地对待自己和他人，也就是一个负责的人。不论在哪里，能担当的人，永远受人敬重。

顶级店员智慧

人不能太舒服，太舒服就会出问题

★时刻给自己压力

人不能太舒服，太舒服就会出问题。同样的，要客户感觉舒服很容易，你只要拿着公司的资源去讨好客户就得了。但那样的店员，是缺乏职业精神的。太舒服的客户，市场就会出问题！这又如秦王嬴政所言“养士如养鹰”，不能太饱了。太饱就会缺乏斗志。这点上，无论客户管理还是自我管理，都是一样的。有专家形容一个人的安逸状态，就是处于“舒适区”状态。

舒适区最早是心理学的一个概念，它与人类的压力有着直接的联系。

顾名思义，处于这一区域的人，会感到非常舒服，觉察不到任何真正的压力，或者用自我麻痹来勉强应对它们。因此，有些人既没有强烈的改变欲望，也不会主动地付出太多的努力，所有的行为，无非是为了保持舒适的感觉和假象而已。我们经常发现一些店员在连锁店工作非常稳定，没有创造高业绩的激情，也没有落至他人后面的惰性，这就是处于“舒适区”的状态。

有一个叫“鲶鱼效应”的例子：把装入沙丁鱼的池子里放入几条以沙丁鱼为食的鲶鱼，沙丁鱼条条活得健康有活力，如果缺少这种威胁，沙丁鱼的生命就出现问题。没有威胁的状态就是“舒适区”状态。这种状态，会让你轻易地沉迷其中、难以跳出。久而久之，你会感到迷茫、无助，其行为表现为：懒惰、松懈、倦怠和保守等等。因此，我们需要逃离这种状态，改变固有的习惯、观念、行为方式和思维方式，寻求发展，迈向成功。

这对每一个个人和团队而言，都是至关重要、关乎成败的！

每个人都有自己的“舒适区”，连锁店里的店员也有，一个常年收银的店员，如果把其调离去做促销，那她就会感觉不适应。因为在“收银”这个区域里，她会感觉很舒服，但是一旦离开了这个区域就会感觉不舒服。这是因为舒适区是由一个人的习惯构成的。

有一本书《谁动了我的奶酪》讲得很清楚，小老鼠在原来自己的窝里，觉得很舒服，一旦出去了以后，它感到很彷徨，很无奈，很恐惧，所以它就不愿意出去。这个窝就构成了它的“舒适区”。

不管是一个店员，还是一个连锁店，舒适区对我们的危害都是非常致命的。我们习惯的思维，习惯的行为构成了我们的舒适区，离开了这个区域，我们就觉得不舒服。当我们在“舒适区”呆得越久的时候，危机也就来临了。

每一个店员在自己的职业生涯的规划中，都给自己分阶段地设定了一个个新的目标，那么你就需要从目前这个位置走到目标中定下的那个位置，也就是说必须离开你的舒适区，只有这样才有可能到达人生新的目标。渴望成长的店员，就要时刻给自己一些压力，时刻把自己“打破”，让自己有一个新的状态，一个更适应竞争的状态。

一个店员要想有一个“新形象”，一个有创造力的自己，这需要更换的角色是：从一个被动的人转换成一个主动的人。

如何做呢？如何走出旧我，拥有新我？

首先，要从改变思维开始。不要被一些陈旧的思维所束缚，要改变自己的思维习惯，告诉自己正确的观念。

其次，摆脱习惯的牵引。很多店员有许多非常不好的习惯的思维模式和行为模式。比方说习惯睡懒觉，习惯说谎，习惯跟人吵架，习惯酗酒，习惯赌博。我们被习惯所牵引，习惯是从思维影响行为，可怕的思维习惯和行为习惯会毁掉一个人的一生。

最后，积极、主动、进取。

我们应该变得积极，变得主动，变得进取，这里面有一个关键，就是我们要学会做好准备。机会只眷顾有准备的人，所谓的准备就是时刻“打破”自己，时刻给自己一点压力，让自己更能适应未来。

★坚持就是胜利

世界上有能喝酒的人吗？没有！只有能扛的人。的确，压力谁没有啊，关键是谁能挺得住压力，这才是职业精神。

拿破仑说过：“胜利属于最坚忍之人”。一旦把要做的事情决定下来，就一定要以必胜为信念，以坚韧不拔的精神干到底。

坚持到底就是胜利。但真正做到坚持到底并不容易，宋朝诗人杨万里有诗曰：“莫言下岭便无难，赚得行人错喜欢。正入万山圈子里，一山放出一山拦。”

人在奋斗的过程中，由于条件有限，必然困难重重，也会存在种种干扰。这些困难干扰就像一座座山横亘在我们前进的道路上，是望山止步，还是翻山而行？

成功者在身处逆境的时候，不是被困难吓倒，选择退却，而是迎难而上，以顽强的毅力，泰然接受挫折的洗礼，再攀登成功的顶峰。

在连锁店工作的店员每天都会遇到这样那样的困难，不要因为一时的困难和挫折就放弃自己的工作、抱怨自己的工作。坚持做好一个店员应尽的职责：勤奋工作，热情待客，始终把自己最好的一面呈现给他人。

俗话说："世上无难事，只怕有心人。"世界上很难办到的事情，只要人们用心去做，总是有可能成功的。

在所有的体育比赛中，马拉松长跑项目是最令人乏味，但又是最耐人寻味的。在奥运会上，马拉松比赛往往是最后一项赛事，因为它最能体现完备的体育精神。

千里之行，始于足下。人生就是由这些大大小小的"马拉松"构成，不论爱情、工作、生活都必须有"马拉松"的精神。店员的工作，或许是你一生中的一次"马拉松"，那你就要把这个角色扮好，你必须靠恒心去挺、去忍、去拼搏。

"天行健，君子以自强不息"。坚定的意志，执著的追求，积极乐观的人生态度是人生永恒不变的主题。人生莫言放弃，坚持到底就是胜利。

后 记

什么样的店员才是顶级店员？

顶级店员拥有什么样的特质？

怎样才能成为一个顶级店员？

这是目前许多品牌店管理层在深刻思考的问题。

通过大量调查，我惊奇地发现，顶级店员总是有着某些共同的特质，这些特质和他们现在从事的工作无关，完全体现在个人的工作态度上面，也许正是因为有了良好的态度，所以他们会做出正确的举动，获得想要的结果。

如果你想成为一个顶级店员，最重要的就是复制他们的心态，学习他们的方法，然后不断地坚持，你就一定会成为公司里面最棒的一员。

顶级店员的主要特质是——

乐于承担更多的责任。

顶级店员认为工作就是责任，无论干什么工作，都应该做到最好；当你对自己的工作和公司负责的时候，你就会认真地对待工作，努力做到最好；顶级店员总是主动要求担当更多的责任或自动承担更重要的任务，大多数情况下，即使他没有被正式告知要对某事负责，他也会努力做好。

热爱工作，追求卓越。

顶级店员都是具备热忱且精神饱满的，因为热忱是成就一切的前提，事业的成功与否，往往是由做这件事情的决心和热忱而决定的；如果拥有非成功不可的决心和热忱，困难就会解决或者变小。

把敬业当成一种习惯。

顶级店员都是具有积极思想的人，这样的人在任何地方都能获得成功，而那些消极、被动地对待工作的店员，在工作中寻找种种借口的店员，是不会受到企业欢迎的；顶级店员总是把敬业当成一种习惯；只要有了敬业的精神，你就更容易成功。

设定目标并全力以赴。

一个人如果没有目标，就没有方向。店员如果没有目标，每天就会无所事事，最终一无所成。

注重细节，遵守准则。

在企业里工作，店员们大部分干的都是“小事”，因此，店员必须养成注重细节的习惯。人们常说：凡事需用心。当一个人真正用心做事的时候，他就会一丝不苟地把事情做到最好。

注重个人形象，维护品牌声誉。

顶级店员不论是在公司还是在其他地方，他们都非常注意自己的形象，同时极力维护公司的声誉。因为他们明白，在别人面前，自己的形象就代表着整个公司的形象。

团队精神是顶级店员最重要的一种精神。

顶级店员都明白，所有成绩的取得，都是团队共同努力的结果。只有把个人的实力充分与团队结合形成合力，才具有价值和意义。

如果你渴望成为一名顶级店员，渴望更大的成功和更高的成就，那么，在《顶级店员》一书将中将会找到答案，它将向你传授怎样成为顶级店员的理念，并告诉你如何在实际工作中掌握具体方法，教你从每一个细节入手，成为公司里最顶级的店员。

每个人都是从成长走向成熟、从成熟走向成功。所以每天都要问自己：今天我成长了吗？我们不必苟求一夜之间我们就成功了，只要过程全力以赴，成果自然来。

2008年4月于深圳

致　谢

为写本书所作的调查研究长达三年之久。在这段时间里，笔者遇到了很多支持笔者的朋友，并同他们一起工作——每个人都以不同的方式向笔者提供建议和帮助。

由于篇幅所限，无法将所有帮助过笔者的前辈或朋友的姓名一一列出。所以，笔者希望得到各位的谅解，但他们真诚的帮助不会被遗忘。

笔者特别致谢——

周大福、蒂爵珠宝、杭州银泰百货、戴梦得、吉盟首饰、六福珠宝、越王珠宝、金嘉利钻石、晶永恒、嘉瑞珠宝、老凤祥合肥总店、阜阳国贸商城、文翔金楼、富泰珠宝、恒生珠宝、海漫尼珠宝、峰记珠宝、华怡珠宝、梦达珠宝、真钻坊、ANIMA高级珠宝定制、灵云翠轩、赵都金店、百福川珠宝……

尤其要感谢周大福珠宝以前的各位同事和领导，特别是刘璞女士和黄绍基先生、DTC（国际钻石推广中心）的刘厚祥博士……

如果没有他们的支持，本书的出版工作不可能进展顺利；如果没有他们的帮助，笔者不可能有现在的深刻见解。